ESSAI
SUR
LES MOULINS A SOIE.

ESSAI
SUR
LES MOULINS A SOIE
ET
DESCRIPTION D'UN MOULIN
PROPRE A SERVIR SEUL, A L'ORGANSINAGE
ET A TOUTES LES OPÉRATIONS DU TORD DE LA SOIE;

Suivis de cinq Mémoires relatifs à la Soie & à la culture du Mûrier.

Par M. LE PAYEN, Procureur du Roi au Bureau des Finances de la Généralité de Metz & Alsace, de la Société royale des Sciences & Arts de la même ville.

A METZ,

Chez JOSEPH ANTOINE, Imprimeur ordinaire du Roi & de ladite Société royale des Sciences & Arts.

M. DCC. LXVII.

AUX CITOYENS DE METZ.

MESSIEURS,

En travaillant à un ouvrage que votre Académie a jugé digne d'être donné au Public, mon premier objet a été de le rendre utile à mes Compatriotes, il est bien naturel que ce soit à vous qu'il soit dédié. En vous le présentant, Messieurs, *je crois m'acquitter d'un devoir de Citoyen, & je ne fais que suivre les mouvemens d'un cœur que l'amour de ma Patrie a toujours animé, j'ose espérer qu'elle agréera mon hommage.*

Le Cultivateur ne retireroit qu'un avantage médiocre du commerce de sa soie s'il étoit obligé de la vendre crue & sans préparation ; d'un autre côté les dépenses excessives, soit en construction, soit en bâtimens, que lui occasionneroient les deux ou trois Moulins différens (a) qu'il a fallu jusqu'à présent pour les divers apprêts des soies, le décourageroient bientôt ; ces considérations m'ont fait consacrer mon travail à la recherche & à la composition d'une machine qui produisît elle seule l'effet des autres, & qui fut cependant d'un prix assez modique pour la mettre à la portée de tous.

En vain, MESSIEURS, *critiqueroit-on ce plan sur lequel j'ai travaillé : je viens de faire sentir qu'il est très-propre, en menageant les facultés du Cultivateur, à fortifier dans la Province une branche précieuse d'Agriculture & de Commerce, à la naissance de laquelle j'ai la satisfaction d'avoir contribué par mon exemple ; j'ajouterai qu'il m'étoit tracé par les meilleurs Méchaniciens : personne n'ignore que leur objet est de faire produire beaucoup d'effets à leurs machines par les moyens les plus simples & les moins dispendieux. En cela, sans oser faire aucune comparaison de leurs ouvrages à ceux de la nature, ils se sont modèlés sur elle, ou plutôt ils ont suivi son exemple : vous le savez,* MESSIEURS, *elle est d'une richesse & d'une magnificence surprenante dans le dessein, mais toujours de l'épargne la plus extraordinaire dans l'exécution.*

Je n'ai pas certainement assez de présomption, pour assurer, pour penser même, que j'aie frappé à ce but des bons Machinistes : cependant, MESSIEURS, *j'ose dire que j'ai fait tous mes efforts pour y atteindre, que le Moulin à soie dont il s'agit produit les effets des autres rassemblés, & que des poulies, des petites cordes, des contre-*

(*a*) Outre les deux Moulins différens, l'un du premier apprêt, l'autre du second, pour l'organsinage ; il en faut communément un troisiéme, pour préparer la soie aux ouvrages de bonneterie.

poids, (ouvrages aisés & à bon compte par-tout) sont seuls employés à les lui faire produire régulièrement & avec facilité; c'est ce qui me fait croire que le Cultivateur profitera de ce moyen, qu'il a à présent sous la main, pour porter sa soie à une valeur qu'elle n'auroit pas si elle n'étoit pas moulinée.

Je joins, MESSIEURS, *à la description de cette machine, des détails sur quelques découvertes relatives à la soie ou à la culture du Mûrier que l'expérience m'a fait faire; j'espere qu'ils serviront à persuader à mes Concitoyens que je ne sais rien me réserver de ce qui me paroît pouvoir leur être de quelqu'utilité: mes vœux en effet seront remplis, s'ils rencontrent dans mon ouvrage les avantages que j'ai desiré de leur procurer.*

Je suis avec respect,

MESSIEURS,

Votre très-humble & très-obéissant
Serviteur, LE PAYEN.

AVIS AU RELIEUR.

LES quatre Planches doivent être placées toutes, & dans l'ordre des Figures, entre les pages 132 & 133 ; elles y doivent tenir à onglets, ensorte qu'en s'ouvrant elles puissent sortir entiérement du Livre, & se voir à droite,

Il y a un carton à mettre à la place de celui pages 75 & 76 ; il se trouve à la fin du Privilège.

DISCOURS PRÉLIMINAIRE.

NOUS ne manquons pas d'inſtructions ſur la culture du Mûrier & l'éducation des Vers à ſoie. La protection, que le Gouvernement accorde aux opérations économiques qui tendent à augmenter dans le Royaume la quantité de cette brillante & précieuſe matiere, a multiplié ſur ce ſujet les Livres & les Brochures, & nous ne ſommes embarraſſés que du choix (*a*). Quelques-uns de leurs Auteurs ont été plus loin ; ils ont joint à leurs ouvrages des inſtructions ſur le tirage de la ſoie, ils ont décrit les machines qui pouvoient y ſervir, mais tous ſemblent de concert s'être arrêtés-là : & malgré mes recherches, je n'en connois aucun qui en ſoit venu à nous expliquer le moulinage de la ſoie & l'utilité de ce même moulinage, à nous donner, en un mot, la théorie & la deſcription des Moulins à ſoie de façon qu'il ſoit poſſible d'en exécuter d'après ce qu'ils en ont dit (*b*).

(*a*) On trouvera à la fin du ſecond volume des Mémoires de M. l'Abbé Boiſſier de Sauvage, ſur l'éducation des Vers à ſoie, un catalogue, de huit pages *in-8°*, des Auteurs qui ont écrit ſur les Mûriers & Vers à ſoie ; ils n'y ſont probablement pas tous.

(*b*) Je ne connois d'écrits un peu étendus ſur cette matiere, que le Mémoire de M. de *Vaucanſon*, parmi ceux de l'Académie des Sciences, année 1751, & le Mémoire fourni aux Éditeurs de l'Encyclopédie pour remplir, ſous le mot *Soie*, l'article de ſon Moulinage ; je parlerai bientôt de ces deux ouvrages.

Ce défaut d'inſtruction, ſur une matiere auſſi importante, peut n'être pas embarraſſant dans les provinces où, depuis long-tems, on fait d'abondantes récoltes de ſoie. Là, on a tous les jours ces machines ſous les yeux : on y trouve d'ailleurs, débit de la ſoie en cocons ou ſimplement tirée des cocons en écheveaux ; mais il n'en eſt pas de même dans les provinces où (comme dans celle des Trois-Evêchés) on commence la culture de la ſoie. D'un côté il eſt néceſſaire, pour en faire profit ou pour la débiter, de la préparer & de la mettre en état d'être employée par l'ouvrier ; d'un autre côté on n'y a que des idées fort imparfaites des machines qui peuvent ſervir à ces préparations ; on ne doit donc pas être ſurpris d'y voir exécuter à grands frais, ſur des deſſeins donnés & tracés au hazard, des machines ſi défectueuſes, que bientôt on les abandonne pour en conſtruire d'autres à plus grands frais encore, & qui ne ſont cependant gueres moins imparfaites que les premieres.

Les mauvais effets que pouvoit produire, ſur un établiſſement naiſſant, l'exemple de dépenſes ſi fortes, & cependant ſi infructueuſes, ſe font aſſez ſentir ; il étoit donc néceſſaire d'aller à la cauſe du mal, c'eſt-à-dire, de remédier au défaut d'explication ſuffiſante de la mécanique & de la conſtruction de quelque bon Moulin à ſoie.

Mais ce que je viens d'expoſer ne ſe tournera-t-il pas contre moi ? Il eſt certain, dira-t-on, qu'il ne ſeroit pas inutile, à l'encouragement & au progrès de la culture de la ſoie, que le Public eut quelqu'ouvrage bien détaillé ſur ſon moulinage, que le nouveau cultivateur trouvât dans ce détail, dans une machine peu dispendieuse qui lui seroit présentée, les moyens de bien apprêter sa soie, & de faire profit des récoltes qu'il commence à en faire ; il ne pourroit manquer d'accueillir cet ouvrage, il ne seroit probablement pas le seul qui le recevroit bien, il plairoit sans doute encore à ceux à qui les circonstances interdisent cette culture, tout est intéressant dans ce qui a rapport à cette riche & belle production de la nature ;

Mais, continuera-t-on, est-ce à vous de leur présenter cet ouvrage ? Il se fait dans le Piémont & ailleurs du bel organsin ; s'il se trouve quelque défaut dans sa fabrique, dans les machines qui servent à le faire, sera-ce d'une province du nord de la France, sera-ce de cette partie où il est avoué que les idées du moulinage sont très-imparfaites, que la correction en arrivera ? Un homme qui aura fait quelques essais de culture de la soie, qui en sera à sa dixiéme ou douziéme récolte, qui n'aura pas voyagé, qui ne connoîtra pas les Manufactures de Lyon, ni les grands moulinages d'Italie, prétendra-t-il être en état de donner des leçons sur cette matiere importante, ou engager à donner à son Moulin la préférence sur ceux qui y son établis ?

J'aurai quelque chose à dire dans la suite sur les Moulins de Piémont (*a*) ; malgré cela, je n'ai point ces prétentions. J'ai donné l'exemple dans ma province de la culture de la soie ; la nécessité pour le débit des récoltes, & pour ne pas

---

(*a*) Ce n'est probablement que notre prévention en faveur de ce qui se fait chez l'Étranger, qui fait que nous lui portons de grosses sommes d'argent pour avoir son organsin ; voyez dans l'ouvrage la page 15 & suivantes.

laiſſer périr cette branche précieuſe de commerce dans ſa naiſſance, m'a fait imaginer ; d'habiles gens qui connoiſſent les Moulins de Languedoc & de Piémont, & qui ont bien voulu examiner le mien, ont penſé que ce que j'avois trouvé pour ma province, pourroit bien ne pas être inutile ailleurs ; ils m'ont engagé à l'offrir au Public : celui qui deſire n'être pas un citoyen inutile, eſt ſenſible à ces ſortes d'exhortations ; j'y ai déféré, voilà ma réponſe. Comparée à l'objection elle ne ſera probablement pas trouvée ſuffiſante ; mais peut-être, dans l'hiſtoire de la naiſſance & des progrès de la culture de la ſoie à Metz, verra-t-on quelque choſe qui pourra la completter ; je demanderai la permiſſion d'y entrer.

Le pays Meſſin a un commerce, c'eſt celui du vin qu'il produit ; mais ce commerce eſt ſujet à bien des revolutions : la trop grande quantité de vignes, jointe à la privation des garniſons conſommatrices des vins aux premiers ordres du miniſtere ou à la moindre guerre, le met, auſſi-bien que la fortune du propriétaire de vignes, dans la dépendance des arrangemens & des événemens généraux. Le plus fâcheux encore, pour ce propriétaire, eſt la dépenſe très-forte d'une culture qu'il faut continuer dans le tems que la conſommation a ceſſé, comme dans celui auquel elle avoit lieu.

Cette réflexion me fit penſer à eſſayer de tirer du ſol de la province quelque matiere plus recherchée, d'un commerce plus étendu, moins précaire, & moins dépendant des événemens & des arrangemens généraux : on ſait que la ſoie a tous ces avantages à la fois ; elle eſt de l'uſage le plus général, du débit & du tranſport les plus faciles, de la conſervation la plus ſûre, la moins chere, & la moins ſujette à inconvéniens ; j'ai donc penſé à en eſſayer la culture, à la joindre à celle de la vigne, & à profiter par-là des idés que feu M. le Maréchal de Belle-Iſle nous avoit ſuggérées.

Ce Seigneur en effet, dès l'année 1734 ou 1735, avoit fait faire près de Metz une plantation de Mûriers qui réuſſiſſoient aſſez bien, malgré les défauts du terrein bas & aquatique où ils furent établis ; c'étoit nous convaincre par nos yeux du ſuccès, & en même-tems de la facilité & de l'utilité du projet.

Près de vingt ans s'écoulerent cependant ſans qu'on parut entrer dans les vues de M. le Maréchal, ſans qu'il ſemblât même qu'on y fit attention ; & lorſqu'en 1753 je commençai à planter des Mûriers, c'étoit la premiere plantation un peu conſidérable qui ſe faiſoit après celle ordonnée par ce Seigneur.

En l'année ſuivante 1754, je profitai de cette derniere pour nourrir des Vers à ſoie ; on juge bien que, lors de cet eſſai, je n'échappai pas aux épithetes dont un petit nombre de citoyens honore toujours ceux qui, s'écartant de la route ordinaire, veulent faire ce que ne faiſoient pas leurs peres. Les plus modérés d'entr'eux me répétoient, à-peu-près, ce que *Sully* diſoit à ſon maître. Une contrée eſt propre à une choſe, & l'autre à une autre ; la providence l'a ainſi réglé pour aſſocier les peuples par leurs beſoins. Le printems eſt trop tardif dans les Trois-Evêchés, & la température y eſt trop froide, tant pour les Mûriers que pour les Vers à ſoie. La culture des terres à bleds y eſt très-pénible, n'eſt-il pas à craindre que les gens de la campagne ne la quittent pour une autre infiniment moins laborieuſe ?

Je ne fus point arrêté par ces raiſons, j'avois quelques répliques à faire. Il eſt naturel, diſois-je, que les hommes de tous les états prennent leur part de l'agriculture : la partie la plus fatiguante doit reſter à l'homme robuſte ; la partie plus amuſante que laborieuſe, doit être le partage des premieres claſſes du peuple. En effet le citoyen élevé, continuois-je, ne refuſera pas de préſider à la plantation de l'arbre précieux qui nous donne la ſoie, au choix du terrein qui lui convient, à ſa culture, à ſa greffe : Les Dames ſe feront un amuſement de la nourriture des Vers à ſoie; cette nourriture doit produire ce qui eſt plus particuliérement deſtiné à les orner; auſſi l'auteur de la nature ſemble-t-il en avoir proportionné le travail à leur délicateſſe, leur vivacité & leur induſtrie. Loin donc qu'il ſoit à craindre que la culture de la ſoie dérobe des bras à l'agriculture, il eſt à eſpérer qu'elle lui en donnera de nouveaux, & même de ceux ſur leſquels elle n'avoit pas droit de compter.

Pour réponſe au froid de notre climat, je montrois les Vers que je nourriſſois & qui ſe portoient très-bien ; je montrois les arbres de la plantation faite de l'ordre de M. le Maréchal de Belle-Iſle; ils étoient aſſez gros & bien venus malgré le vice que j'ai déjà fait remarquer dans le ſol qu'ils occupoient. Je n'avois pas, pour lors encore, les miens à montrer, ils étoient petits & plantés ſeulement de l'année précédente : huit à neuf ans après, la réponſe du coup d'œil ſur mes Mûriers, eut été plus frappante ; ils égaloient déjà cette ancienne plantation dont je viens de parler, & qui a été l'aliment de nos premiers Vers à ſoie.

Cette premiere nourriture fut faite, comme je l'ai dit, en 1754. Dans les années ſuivantes des citoyens diſtingués & animés du même zele pour le bien public, ſuivirent mon exemple.

Dans ces commencemens nous manquions de tour à dévider la ſoie des cocons ; pour parer à ce défaut, de deux tours, dont j'avois lû les deſcriptions, j'en compoſai & exécutai un qui a ſervi de modele à tous ceux qui ſe trouvent actuellement dans la province.

Ce n'étoit pas aſſez d'avoir de bons tours à tirer la ſoie, il falloit encore avoir des perſonnes qui ſuſſent la bien tirer. C'eſt ce dont nous avons manqué pendant quelque tems ; mais M. de Bernage, Intendant pour lors dans cette province, nous en a procuré. Ce Magiſtrat a établi en même-tems une pépiniere de Mûriers, dans laquelle on délivre gratuitement des arbres à qui veut en planter ; on conçoit, ſans que je le diſe, combien un pareil établiſſement a dû & doit procurer l'avancement de la culture de la ſoie.

On ſait que parmi les ſept à huit eſpéces de Mûriers blancs, il en eſt trois qui ſe diſtinguent par la grandeur de leurs feuilles, & qui par conſéquent fourniſſent, plus abondamment que les autres eſpéces, à la nourriture des Vers à ſoie : il me vint en idée, il y a neuf à dix ans, de chercher, par des essais, à connoître laquelle, de ces espéces à grandes feuilles, donneroit cette nourriture & meilleure & plus saine; bientôt ces essais, & la comparaison que je fis de la santé & de la vigueur des Vers nourris de feuilles d'une de ces espéces, avec l'état de ceux qui avoient été nourris de celles des autres espéces, me la montrerent; je résolus dès-lors de la multiplier par la greffe.

J'ignorois cependant le manuel de cette opération, j'y employai les meilleurs greffeurs de la province, mais presque aucune de leurs greffes n'ayant réussi, j'en recherchai la cause; je mis la main à l'œuvre; & moyennant quelques additions à la maniere ordinaire de greffer, je parvins à assurer le succés de la greffe de cet arbre: je détaillerai ma méthode par un Mémoire particulier qui sera joint à cet ouvrage.

Quelques tems après ces premiers essais, m'étant apperçu qu'une des grandes dépopulations des Vers, arrivoit dans le tems de leur jeunesse, & qu'elle étoit causée par le froid des matinées du mois de Mai dans notre province; j'imaginai le moyen de les en préserver & cela sans peine, sans soins & sans la moindre dépense. Ce moyen sera également décrit dans un Mémoire particulier.

Nous en étions-là il y a sept à huit ans, nos Mûriers se multiplioient, nous commencions à faire des récoltes de soie; mais nous ne trouvions pas, ainsi que je l'ai déjà dit, à la débiter en cocons, ou simplement tirée des cocons en écheveaux: nous nous déterminâmes à l'employer en ouvrage

ouvrage de bonneterie. Il falloit pour cela qu'elle fût du moins moulinée en *trame* ; & comme ces premieres récoltes, déduction faite des frais, sont ordinairement peu profitables, nous n'étions pas d'avis d'abandonner à d'autres le prix de la main-d'œuvre de cette préparation. Nous n'avions guere, à la vérité, d'idée des Moulins à soie, ainsi que je l'ai déjà avoué ; mais le Mémoire cité (*a*) de M. de Vaucanson, quoique cet Académicien n'y décrive pas ceux qu'il a imaginés, m'en fournit quelques-unes. Et, ce qui n'est pas le moins important, ce même Mémoire me fit connoître les défauts des anciens Moulins.

Aussi suis-je parti delà, il y a sept à huit ans, pour composer & exécuter le Moulin dont j'avois besoin pour travailler la soie en *trame*, & j'ai eu grande attention de l'exempter de ces défauts reprochés aux autres.

Quelques années après, par des additions & des changemens, je le rendis propre à l'organsinage de la soie ; & la confrontation des essais d'organsin que j'y fis, avec de l'organsin de Piémont, ne pût pas faire remarquer entr'eux de la différence.

Mais ce Moulin, comme je viens de le dire, n'y avoit pas originairement été destiné : & l'on pense bien qu'une machine faite pour produire un seul effet, & appropriée ensuite a en produire encore plusieurs autres, n'a pas communément le degré de perfection que pourroit avoir celle qui auroit été destinée d'abord à avoir toutes ces

(*a*) En la note (*b*) au bas de la page premiere ci-dessus.

propriétés à la fois. M'étant donc proposé d'en composer une de ce dernier genre, je l'exécutai dans les mois de Février & Mars de 1765, mais bien différemment de la premiere (a) de laquelle je ne parlerai plus, à moins que des événemens que je ne prévois pas, ne l'exigent : la derniere sera celle que je décrirai dans cet ouvrage.

Le systême de sa composition & son exécution sont analogues aux circonstances où nous nous trouvons; dans une province, comme la notre, où la culture de la soie commence, il est bon de procurer aux nouveaux cultivateurs les moyens de faire le plus grand profit possible de ces récoltes; mais il seroit bien inconséquent de lui présenter pour cela des machines dont le prix absorberoit vingt ou trente des récoltes qu'il espéreroit faire. Quoi de plus propre à le décourager? Mon objet à donc été tout autre, & pour composer celle que je lui présente aujourd'hui, je me suis proposé 1°. de réduire à une seule les deux machines, de méchanismes différens, dont on s'est servi jusqu'à présent pour l'organsinage des soies. 2°. De faire ensorte que cette machine unique fût cependant d'un prix beaucoup inférieur à celui de l'une des deux dont on s'est servi. 3°. De l'exempter des défauts reprochés à ces dernieres. 4°. Enfin de lui procurer même sur elles quelques avantages.

Le seul énoncé de ce problême fait sentir que sa solution ne laissoit pas d'avoir ses difficultés. Ceux qui connois-

(a) Ce Moulin n'a rien de semblable au premier que l'arrangement & le mouvement des fuseaux; encore y ont-ils quelque chose de différent.

ſent la matiere le ſentiront d'autant plus, qu'ils n'ignorent pas qu'il entroit encore comme condition dans le problême, celle de rendre la machine propre à donner aux ſoies les quantités différentes de tord qui leur conviennent eu égard à leurs qualités, ou aux uſages auxquels on les deſtine. Ils ſentiront encore qu'en ſuppoſant que les deux apprêts de l'organſin duſſent être différens, la deſtination de la machine, à ſervir ſeule à tous les deux, faiſoit naître une autre condition; ſavoir, celle de mettre la machine en état de donner à la ſoie le tord qui lui convient dans chacun des apprêts; c'eſt-à-dire, de donner, par exemple, à la ſoie du premier apprêt dix fois plus de tord qu'à celle du ſecond, au cas que l'on penſât que ce premier apprêt dût être décuple du ſecond.

Ces nouveaux embarras, nés de la queſtion de ſavoir quelles quantités de tord convenoient aux ſoies eu égard à leurs qualités ou aux uſages auxquels on les deſtinoit, nés de celle de ſavoir ſi les apprêts devoient être égaux, ou ſi l'un d'eux devoit être plus conſidérable que l'autre; ces nouveaux embarras, dis-je, devenoient d'autant plus forts qu'il s'agiſſoit de s'en tirer dans une province où la matiere étoient inconnue, & que s'il y avoit peu d'écrits ſur les Moulins à ſoie, il y en avoit encore bien moins ſur ces queſtions (*a*). Le Lecteur jugera ſi le moyen par lequel

(*a*) Je n'avois pas encore pu voir l'article *Soie* de l'Encyclopédie, où il eſt enſeigné que le tord du premier apprêt doit être décuple de celui du ſecond; cet article n'a été donné au Public qu'en Avril ou Mai 1766, & le Moulin dont il s'agit étoit conſtruit & travailloit plus d'un an auparavant; d'ailleurs ce dernier ſentiment me paroît être une erreur, & j'eſpere le faire voir dans la ſuite.

la machine eſt miſe en état de donner à la ſoie le tord auſſi fort & auſſi foible qu'on voudra, & de le varier à la volonté du moulinier, dans le clin-d'œil, & ſans déplacement ni remplacement de piéces, ſi ce moyen, dis-je, répond ſuffiſamment à la premiere queſtion (*a*).

Pour me décider ſur la ſeconde, j'ai pris le parti d'analyſer, en quelque ſorte, différens échantillons d'organſin de Piémont & de France qui m'avoient été envoyés, & de combiner les réſultats de ces analyſes avec les principes ſur cette matiere : c'eſt delà, mais principalement encore de ces mêmes principes, que j'ai fait dériver le ſyſtême & la compoſition du Moulin que d'habiles gens, comme je l'ai dit, m'ont engagé d'offrir au Public.

Cet ouvrage ſera diviſé en trois parties ; dans la premiere je traiterai du moulinage & des apprêts de la ſoie. J'y dirai ce que c'eſt que la mouliner, quelles ſont ſes différentes dénominations relativement à ſes différens moulinages, & ce en quoi différent *mouliner* & *filer*. Je donnerai enſuite une idée de la méthode d'organſiner, & des machines qui y ont ſervi juſqu'à préſent. Delà je paſſerai à l'examen de la cauſe & du vrai but du moulinage ; je prendrai la liberté de contredire le ſentiment commun ſur cet objet, & celui en particulier d'un Auteur dont l'ouvrage vient de paroître, je hazarderai de mettre le mien à la place ; &, des raiſons ſur leſquelles je tacherai de l'appuyer, je déduirai ce à quoi il me ſemble que le tord de la ſoie doit être commu-

(*a*) Voyez la page 60 ci-après.

nément réduit. Je joindrai à cela les raiſons qui me font penſer que les deux apprêts de l'organſin doivent être égaux.

De cette diſcuſſion importante je paſſerai à la ſeconde partie, qui ſera la deſcription de mon Moulin & de toutes les piéces qui le compoſent. Je reviendrai enſuite ſur mes pas, & à une partie que j'aurai laiſſée à l'écart pour ménager l'attention ; ſavoir, au méchaniſme du Moulin & au ſyſtême de ſa compoſition. Je ferai obſerver qu'on peut déduire delà une méthode générale pour compoſer un Moulin de l'eſpéce de celui-ci, & de quelque volume qu'on voudra ; j'en renverrai cependant l'application à la troiſiéme partie, & je paſſerai aux différens uſages de ce même Moulin. Comme ces uſages doivent être entendus par ceux qui le ſoigneront, c'eſt-à-dire, par gens qui n'ont point de teinture de méchanique, je tacherai de mettre à leur portée ce que j'en dirai.

De ces uſages je déduirai la réſolution de la premiere partie de mon problême, puiſque j'aurai fait voir que ce Moulin peut ſervir ſeul à toutes les opérations du tord de la ſoie. Je paſſerai ſucceſſivement aux autres parties du même problême, & à faire voir que cette machine eſt moins diſpendieuſe qu'une des deux dont on s'eſt ſervi juſqu'à préſent ; qu'elle eſt exempte des défauts qu'on leur reproche, & qu'elle a même ſur elles quelques avantages (*a*).

(*a*) Je n'entends, au reſte, parler en aucune ſorte des Moulins de M. de *Vaucanſon*, ni leur comparer le mien, ſoit ici ſoit ailleurs ; j'aurois d'autant plus de tort qu'aſſurément je ne les connois pas, & que d'ailleurs il ne me fait aucune peine de répéter que je ſuis redevable, au Mémoire de cet illuſtre Méchanicien, de mes premieres idées ſur les Moulins à ſoie, auſſi bien que de la connoiſſance des défauts de ceux antérieurs aux ſiens. Voyez la page ix ci-deſſus.

La troiſiéme partie ſera, comme je l'ai dit, une application de ma méthode de compoſition de Moulins à ſoie, à l'exécution d'un Moulin d'une grandeur moyenne & tel que pourroit être chacun de ceux qui, pour compoſer un grand moulinage, ſeroient mis en mouvement par une ſeule & même puiſſance motrice.

Cette derniere partie ſera extrêmement détaillée ; chaque pratique y ſera ſubordonnée à ſa théorie. J'ai eu en vue, en entrant dans ces détails, de mettre en état, par la ſimple lecture de cet ouvrage, celui même qui n'aura jamais vu de Moulins à ſoie, d'en faire exécuter de l'eſpéce de celui-ci. La théorie y eſt jointe à la pratique, parce qu'elle aſſure cette derniere, & que je ſais par moi-même qu'un ouvrage didactique n'eſt pas ordinairement celui où la briéveté plaît.

La machine que je décrirai dans la ſeconde partie n'eſt pas ſimplement modéle d'une plus grande ; elle eſt d'uſage, puiſqu'enfin il s'y forme vingt-quatre écheveaux à la fois. Elle eſt peut-être la ſeule qui ait exiſté en ce genre ſous un ſi petit volume : en effet ce Moulin n'a pas plus de trois pieds & demi de longueur, il en a deux dans ſa plus grande largeur, & deux & demi environ de hauteur. Une table ſuffit donc à ſon emplacement, & il ſera moins un embarras dans une chambre, qu'un ornement ; ainſi rien n'empêcheroit que, dans un endroit où il n'y auroit pas encore lieu à l'établiſſement d'un grand moulinage, une mere de famille qui feroit récolte de neuf à dix livres de ſoie par an, & qui ne voudroit pas faire la dépenſe ni avoir l'embarras d'un grand Moulin, fit exécuter celui-ci : elle s'en ſerviroit pour mouliner ſa ſoie en trame, en ſoie ovalée, ou en organſin à employer en ouvrage de bonneterie, rubannerie, &c. pendant que, travaillant à autre choſe, elle auroit l'œil ſur le Moulin, elle n'auroit pas à craindre que l'enfant, qu'elle employeroit à le mouvoir, ſe fatiguât; il faut à peine, pour le mettre en mouvement, trois livres de force appliquée à la manivelle, laquelle n'a cependant que ſix pouces de rayon.

On pourroit probablement remplacer cet enfant par une roue miſe en mouvement par la fumée d'une cheminée de cuiſine (*a*), par une roue dans laquelle marcheroit un petit chien, par une petite roue à aubes que feroit tourner la fontaine d'une maiſon de campagne, &c. Le mouvement de la roue ſe communiqueroit au Moulin, d'auſſi près ou d'auſſi loin qu'on voudroit, par des poulies & une petite corde ſans-fin (*b*). Je n'entrerai pas dans un plus grand détail là-deſſus parce que je ne l'ai pas éprouvé, mais j'ai peine à croire qu'il y auroit de la difficulté de mettre à profit du moins quelqu'un de ces moyens.

Malgré ce que je viens de dire en faveur de ce petit Moulin, j'avouerai que je ne l'ai exécuté de la ſorte, qu'à cauſe que je n'ai pas cru devoir faire la dépenſe de l'exécuter en grand, du moins avant d'être bien aſſuré de ſon

(*a*) Voyez le Spectacle de la Nature, Tom. VI. pag. 328.

(*b*) Voyez la page 68 ci-après & la note qui eſt au bas.

ſuccès en petit (*a*). Il eſt bien à préſumer, je l'avouerai encore, que ceux à qui ce ſyſtême de Moulin ne déplaira pas, donneront la préférence à celui de la troiſiéme partie: il ne ſe fait ſur ce petit Moulin que *vingt-quatre écheveaux à la fois*; ſur l'autre il s'en fera *cent cinquante-deux*, & il n'aura cependant pas plus de ſix pieds & demi dans ſa plus grande largeur.

Ils s'y détermineront d'autant plus volontiers, 1°. que s'il eſt bien exécuté, & ſi l'on a eu ſoin de diminuer les frottemens autant qu'il aura été poſſible, il s'en faudra bien que toute la force moyenne du *vireur* (*b*) ſoit employée à le mouvoir. 2°. Qu'avant que dans une province, où l'on aura commencé la culture de la ſoie, il y ait lieu à l'établiſſement de ce qu'on appelle *grand moulinage*, la dépenſe en ſera faite; car d'un côté ce grand moulinage pourra être composé de pluſieurs Moulins pareils à celui dont il s'agit en cette troiſiéme partie, & ils pourront très-aiſément être raſſemblés ſous une ſeule puiſſance motrice;

(*a*) Tous ceux qui connoîtront les Moulins à ſoie, & qui feront attention au ſyſtême de celui-ci ſur-tout, penſeront infailliblement que réuſſiſſant en petit, comme il fait en effet, il doit à plus forte raiſon réuſſir en grand. Il n'arrive pas toujours, à la vérité, dans les machines, dont l'objet eſt de multiplier la force motrice, que celles qui réuſſiſſent en petit, réuſſiſſent en grand; mais cela ne manque pas d'arriver dans celles qui, comme les Moulins à ſoie, ont pour principal objet la régularité des mouvemens contemporains de certaines piéces. C'eſt ainſi que, toutes choſes égales d'ailleurs, une groſſe montre ſera plus réguliere, & plus aiſée à conſtruire qu'une petite; & qu'elle conſervera auſſi plus long-tems que cette derniere, la régularité de ſon mouvement.

(*b*) *Vireur* eſt l'homme appliqué à la manivelle d'un Tour ou d'un Moulin à ſoie. La force moyenne d'un homme appliqué à une manivelle eſt de vingt-cinq livres, lorſqu'il s'agit avec une vîteſſe de mille toiſes par heure.

trice; & d'un autre côté ces Moulins se feront construits insensiblement, & à mesure du besoin que les progrès de la culture en auront montré; ainsi, lors de l'établissement de ce grand moulinage, aucune des dépenses, faites précédemment & dès les commencemens de la culture, ne se trouvera inutile.

Ces avantages, de l'exécution de ce dernier Moulin sur celle du petit, feront peut-être penser qu'il eut été mieux de donner les plans & profils de celui de la troisiéme partie, que de donner, comme j'ai fait, ceux du petit; puisque celui qui eut voulu en venir à l'exécution, n'eut eu qu'à prendre au compas toutes les mesures sur les planches.

Mais si l'on veut bien faire attention aux erreurs & aux incertitudes embarrassantes qui se rencontrent toujours à ces mesures prises au compas sur des planches ou estampes, aux évaluations auxquelles cette méthode astreint, & qui sont génantes pour bien des personnes, j'espere qu'on me saura quelque gré de m'être écarté de la méthode ordinaire, & de m'être donné la peine, pour en éviter aux autres, d'entrer dans les plus petits détails.

En effet les figures & les planches du petit Moulin serviront non-seulement à ceux qui voudront l'exécuter en petit & comme il est; mais elles serviront encore à ceux qui donneront la préférence au plus grand: ils y verront, d'un coup-d'œil, les formes, les emplacemens & les positions des piéces qui doivent le composer; & à l'égard des dimensions, soit de la charpente soit des piéces qu'elle doit recevoir, ils les trouveront dans cette troiſiéme partie beaucoup plus ſûrement qu'ils n'auroient pu faire au compas; de ſorte que, pour l'exécuter, on n'aura qu'à regarder & lire, ſans même ſe donner la peine de calculer ou de deſſiner.

Sur le ſtyle j'avouerai que j'ai plus beſoin d'indulgence qu'un autre, mais oſerai-je dire que je crois en mériter plus qu'un autre auſſi? J'ai recherché, j'ai imaginé, j'ai travaillé, j'ai dépenſé; je n'ai pas eu la prudence ordinaire de faire mes arrangemens avant de faire part au Public, & à mes frais encore, du fruit de mon travail & de mes dépenſes.

J'ai taché d'expliquer tout, & de me rendre intelligible; ſi cependant il arrivoit qu'on fut embarraſſé ſur quelques parties, je me ferai toujours un vrai plaiſir (ſous la condition accoutumée de l'affranchiſſement des ports de lettres) de répondre aux perſonnes qui voudront bien me faire l'honneur de me conſulter.

Je comprendrai dans ce volume cinq de mes autres petits ouvrages, relatifs à la ſoie ou à ſa culture.

TABLE
DES CHAPITRES, ARTICLES, &c.

PREMIERE PARTIE.
Du Moulinage & des apprêts de la Soie.

SECONDE PARTIE.

Description de la machine, de ses usages, &c.

TROISIÉME PARTIE.

Exécution détaillée & raisonnée du Moulin en grand.

FIN DE LA TABLE.

ESSAI

ESSAI SUR LES MOULINS A SOIE.

PREMIERE PARTIE.

DU MOULINAGE ET DES APPRÊTS DE LA SOIE.

CHAPITRE PREMIER.

Ce que c'est que mouliner, organsiner, & idée des Machines qui y ont servi jusqu'à présent.

ARTICLE PREMIER.

Les différentes dénominations de la Soie en conséquence de ses différens moulinages.

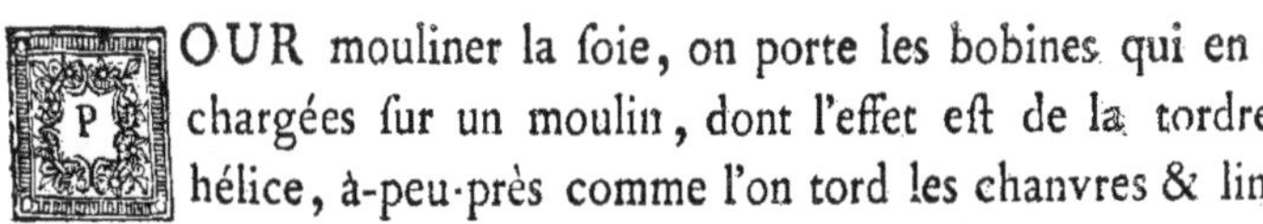

POUR mouliner la soie, on porte les bobines qui en sont chargées sur un moulin, dont l'effet est de la tordre en hélice, à-peu-près comme l'on tord les chanvres & lins.

On ne mouline que les soies *grèses*, c'est-à-dire, celles qui ont encore cette gomme aurore qui leur reste après qu'elles ont été tirées des cocons en écheveaux, qui les roidit, & qui par-là facilite merveilleuſement toutes les opérations des dévidages & moulinages; ce n'eſt qu'après qu'elles ont été moulinées qu'on la leur ôte, en la faiſant cuire dans de l'eau de ſavon. Cette opération ſe nomme *décreuſement*; & les ſoies qui l'ont ſoufferte, ſont appellées *ſoies décreuſées*. Cette gomme, qui étoit ſi utile au moulinage, empêcheroit la ſoie de recevoir la teinture.

Celle qui n'a pas paſſé au moulin eſt appellée *ſoie plate*; celle qui y a paſſé eſt de trois ſortes, *le poil, la trame* & *l'organſin*.

Le poil eſt de la ſoie à un ſeul brin, qui a reçu au moulin un tord foible pour le mettre en état de ſervir aux ouvrages de bonneterie, auxquels ſeuls il eſt permis de l'employer. La trame eſt formée de deux ou trois fils de ſoie, que l'on réunit, & que l'on tord enſemble pour n'en former qu'un.

L'organſin ou la chaîne (car la chaîne des étoffes de ſoie eſt toujours de l'organſin) eſt compoſé de deux, trois, quelquefois quatre brins de ſoie. Chacun de ces brins eſt tordu d'abord ſéparément & d'un côté; & ce tord particulier qu'on leur donne, ſe nomme le *premier apprêt* (*a*). On réunit enſuite deux, trois ou quatre de ces fils qui ont reçu le premier apprêt, on les retord enſemble; mais à contre-ſens du premier tord qu'ils ont reçu chacun ſéparément: ce ſecond tord eſt ce qui ſe nomme le *ſecond apprêt*. La ſoie qui a paſſé par ces deux opérations, qui a reçu ces deux apprêts, eſt organſinée.

On dit que l'organſin eſt à deux, trois ou quatre bouts, ſelon qu'il eſt compoſé de deux, trois ou quatre brins de ſoie qui ont reçu chacun le premier apprêt.

(*a*) C'eſt la différence du tord qui fait celle de la ſoie nommée *poil*, d'avec celle qui a reçu le premier apprêt; la derniere a reçu un tord plus fort que la premiere.

ARTICLE II.

Pourquoi les apprêts se donnent l'un à contre-sens de l'autre.

QUELQUES personnes auront peine à concevoir que le second tord donné à l'organsin à contre-sens du premier, ne détruise pas ce premier; mais pour peu qu'on y fasse attention on concevra qu'il doit arriver précisément le contraire.

En effet un fil à un seul brin tordu d'un côté tend à se détordre, & à tourner du côté contraire au tord qu'il a reçu. Si l'on réunit deux brins tordus d'abord séparément & d'un même côté, & qu'on les retorde ensemble encore du même côté; ils tendront à tourner ensemble & l'un sur l'autre, du côté contraire au tord qu'ils viennent de recevoir; ce côté sera le même que celui vers lequel le premier tord les faisoit déjà tendre à tourner; ensorte que ce second ressort s'unissant au premier (puisqu'il se dirige du même côté) le fil total en aura d'autant plus de force pour se remettre en son premier état.

Au contraire si les brins qui composent un fil ont été tordus d'abord séparément & d'un côté, & qu'ensuite on les retorde ensemble de l'autre côté, les deux efforts pour se remettre au premier état seront alors opposés, ils seront dans une espéce d'équilibre: il faut donc pour établir cet équilibre & pour qu'il se maintienne, que les brins qui composent un fil, & qui ont été d'abord tordus séparément d'un côté, soient ensuite retors ensemble de l'autre côté.

ARTICLE III.

Différence entre filer & mouliner.

J'AI dit qu'on tordoit la soie par le moulinage à-peu-près comme on tord les chanvres & lins en les filant; il y a cependant une grande différence entre *filer* & *mouliner*. On tord le chanvre &

autre filaſſe, pour de pluſieurs brins courts & foibles, former un fil long & de réſiſtance, en les réuniſſant & les ſerrant les uns contre les autres par le tortillement. A cette premiere eſpéce de tord (c'eſt-à-dire au filage) indépendamment de la machine, les doigts d'une perſonne ſont néceſſaires.

Il en faut une ce ſemble pour chaque fil à former; & les rouets à deux mains qu'on a imaginés, ne paroiſſent pas avoir été ou devoir être long-tems en grande conſidération.

En effet une perſonne ne peut gueres former qu'un fil à la fois, ſi l'on veut qu'elle puiſſe nettoyer ſa filaſſe, ſi l'on veut qu'elle puiſſe empêcher que les extrémités du fil formé, en *grippant* de la nouvelle filaſſe n'en tirent trop, ou trop peu pour former un fil égal & uni.

La ſoie, indépendamment de tous ſes grands avantages ſur les autres matieres de nos étoffes, a le mérite particulier d'être filée par l'inſecte même qui la produit. La coque du ver à ſoie eſt composée d'un ſeul fil très-long, enſorte que cette coque eſt un vrai peloton de fil, qui, quelque fin qu'il ſoit, eſt capable de réſiſtance, puiſqu'il ſoutient ſans ſe caſſer un poids de deux gros & demi.

Pour en former un qui ait plus de force, & qui ſoit après cela encore très-fin, il ſuffit donc d'unir & de dévider à la fois pluſieurs de ces coques ou pelotons de fil formé; c'eſt ce qui ſe fait, comme on le ſait, au tirage de la ſoie des cocons; & l'on remarque que cette opération n'eſt pas un filage, mais uniquement un dévidage; c'eſt ce qui eſt cauſe qu'elle ſe fait avec une vîteſſe extrême. La gomme de la ſoie qui eſt en fuſion pour lors, réunit les fils particuliers & les colle les uns aux autres, enſorte que cette gomme une fois deſſéchée, ils ne ſe ſépareront plus; ils formeront un ſeul fil ou un ſeul brin (*a*) du moins tant que cette gomme y reſtera.

(*a*) J'ai déjà appellé *brin de ſoie* un fil composé de pluſieurs autres; je continuerai à le faire.

Ce fil de soie formé par l'insecte même, bien plus proprement & plus uniment que la main la plus adroite, dirigée par l'industrie, ne pourroit jamais faire, donne un grand avantage pour son travail. Il ne s'agira plus pour la tordre d'occuper une personne à chaque brin. La mécanique fournira des machines propres à tordre plusieurs milliers, si l'on veut, de brins à la fois; elle fournira ce qu'on nomme *Moulins à soie.* Si ces moulins sont plus parfaits, ils donneront un tord égal, soit à chacun des brins de soie dans toute sa longueur, soit à tous ceux qui se travailleront sur la même machine; perfection que n'a jamais eu, & n'aura probablement pas de sitôt, le rouet à filer le chanvre & lin. On pourra encore donner à la soie le tord que l'on voudra, celui qui conviendra à sa finesse, à sa grosseur, aux usages auxquels elle sera destinée. Les moyens de parvenir à tout ceci seront d'autant plus simples, plus sûrs, plus faciles à mettre en usage, que le systême de la machine sera lui-même plus simple, mieux raisonné, mieux exécuté.

ARTICLE IV.

Idée de la méthode suivie jusqu'à présent pour organsiner les Soies: & des Machines qui y ont servi.

On pourra prendre dans le Mémoire de M. de Vaucanson, parmi ceux de l'Académie des Sciences, volume de l'année 1751, une idée des opérations de l'organsinage; & en même tems des machines qu'on y a employées jusqu'à présent. J'en rapporterai quelque chose en faveur de ceux qui n'auroient pas la commodité d'y recourir.

La premiere opération pour organsiner, est de porter les bobines chargées de fil à un seul brin, sur le moulin de premier apprêt. » Tout le monde connoît (dit M. de Vaucanson) ces moulins faits » en forme de cage ronde, dont le diametre ordinaire est de vingt » à vingt-quatre pieds, sur une hauteur de dix, quinze & quelque-

» fois de trente pieds. Cette cage eſt compoſée de pluſieurs mon-
» tans droits, & de pluſieurs traverſes ceintrées. C'eſt ſur ces tra-
» verſes, qui forment la circonférence du moulin, que ſont placés
» les fuſeaux perpendiculairement, *& à ſix pouces les uns des autres.*
» Ces fuſeaux ne ſont autre choſe que des tiges de fer d'un pied de
» hauteur, ſur cinq à ſix lignes d'épaiſſeur dans leur partie inférieure
» qui eſt ronde, & qu'on nomme *le ventre des fuſeaux.* La partie
» ſupérieure forme un quarré ſur lequel on place la bobine.

J'ajouterai ici à ce que vient de dire M. de Vaucanſon, que la partie extrême & ſupérieure du fuſeau eſt ronde, pour recevoir par-deſſus la bobine ce qu'on nomme *la couronnelle.* C'eſt une demi-ſphere de bois peſant, percée d'un trou rond qui lui donne la liberté de tourner ſur le fuſeau, comme ſur ſon axe; à la différence de la bobine qui étant percée quarrément & portée ſur la partie quarrée du fuſeau, peut tourner avec lui, mais ne peut tourner ſur lui. A cette demi-ſphere eſt fixée une branche de fil de fer recourbée haut & bas, dont les extrémités ſont tournées en ſpirales, & forment des boucles par leſquelles on fait paſſer le fil de ſoie de la bobine, avant de le conduire ſur la partie qui doit le recevoir. Ces boucles donnent à la ſoie la facilité de ſe développer de deſſus la bobine portée par le fuſeau, & lui évitent tout frottement nuiſible : la figure 6 ci-après eſt une de ces couronnelles. Revenons à M. de Vaucanſon.

» Cette tige garnie de ſa bobine, eſt ſimplement appellée *fuſeau....*
» Au centre du moulin eſt un gros arbre mobile ſur ſon pivot d'en
» bas, & retenu verticalement par ſon tourillon d'en haut : on nomme
» cet arbre *la tige du moulin.*

» A la hauteur de chaque rangée de fuſeaux, cette groſſe tige
» porte ſix rayons ſoutenus dans une ſituation horizontale, c'eſt-à-dire,
» perpendiculaire à la tige. L'extrémité de chaque rayon porte une

» portion de cercle, à-peu-près de la même courbure que celle des » traverses cintrées de la cage. Ces portions de cercle sont attachées » dans leur milieu sur le bout du rayon, par une cheville qui leur » permet un petit jeu horizontal; elles sont appellées par les ouvriers » *straffins*.

» Aux extrémités de chaque straffin, est appliquée sur le bord » extérieur une bande de cuir; à l'autre extrémité, est une corde » tirée par un petit poids qui fait appuyer la bande de cuir sur le » ventre des fuseaux, avec une force proportionnée à la pesanteur » de ce poids.

» Quand on fait tourner la tige du moulin, tous les rayons tour» nent aussi, & par conséquent les straffins, dont les côtés garnis de » cuir appuient & glissent par intervalle sur le ventre des fuseaux, » & les font tourner, comme on feroit tourner un toton sur son pivot » qu'on agiteroit de tems en tems avec la main.

» Les bobines qui sont au dessus sur les baguettes, reçoivent leur » mouvement par des rouages correspondans avec la tige du moulin. » On attache chaque fil de soie provenant des fuseaux, sur la bobine » qui lui répond; cette bobine, en tournant, tire à elle le fil de soie » du fuseau, & ce fil de soie, en montant sur la bobine, se tord sur » lui-même autant de fois que le fuseau fait de révolutions. » Passons au moulin du second apprêt.

» Lorsque la soie a reçu le premier apprêt, lorsqu'elle a été tordue » à un bout, on réunit plusieurs de ces bouts, & on les dévide à la » main sur de nouvelles bobines, qui sont ensuite portées sur un autre » moulin, pour tordre chaque fil double ou triple à contre-sens du » premier apprêt, & le faire monter en écheveaux sur un guindre: » ce sont ces moulins qu'on nomme *de second apprêt*. Ils sont ordi» nairement construits comme ceux du premier apprêt, avec cette

» différence qu'on les fait communément mouvoir avec une *courroie* » *sans fin* qui embrasse tous les fuseaux.......

» La soie au lieu de monter de dessus les fuseaux sur les bobines, » comme dans le moulin de premier apprêt, monte ici sur des » guindres : ces guindres sont des espéces de chevalets ou dévidoires, » composés de quatre lames de bois de trois pieds environ de lon- » gueur, attachés vers leurs extrémités sur deux croisillons, montés » sur un même arbre. Le pourtour de ces chevalets ou guindres a » environ vingt-six pouces.

» Chaque fil qui se trouve double ou triple dans ce moulin, est » conduit sur ces guindres par une petite boucle de fer immua- » ble, & s'y dévide en écheveau. Quand l'ouvrier juge que » l'écheveau est assez gros, il en fait *la capieure*, c'est-à-dire, qu'il » casse le fil montant, pour le lier autour de l'écheveau ; il fait » ensuite glisser cet écheveau de côté, pour donner place à un autre » qui ne peut se former que vis-à-vis la petite boucle de fer, &c....

M. de Vaucanson démontre & fait toucher au doigt les défauts multipliés de cette construction des moulins de premier & second apprêt : défauts qui les rendent incapables de donner à la soie cette uniformité de tord, seule propre à lui faire recevoir le même lustre, la même élasticité, & à rendre les étoffes unies aussi belles & aussi bonnes qu'elles pourroient être.

Cette idée générale des moulins à soie servira à l'intelligence de ce qui va suivre.

CHAPITRE

CHAPITRE II.

Dissertation sur la cause ou le but du moulinage de la Soie, sur les quantités de tord à donner aux Soies dans leurs apprêts, & sur les sentimens d'un Auteur à cet égard.

ARTICLE PREMIER.

Le Tord ne fortifie pas la Soie.

J'AI fait voir précédemment que la soie ne se tordoit pas pour en former un fil; j'ai dit que ce fil étoit formé par le ver à soie, & que pour en former un plus fort il suffisoit d'en réunir autant qu'on voudroit, pour les dévider ensemble. Ce que j'ai dit là, fera demander, sans doute, de quelle utilité est donc son moulinage, & pourquoi l'on se donne la peine de donner un double tord ou deux apprêts à la soie, pour en faire ce qu'on nomme de l'*organsin?*

Jusqu'à présent il paroît que l'on n'a donné d'autre réponse, que celle qui se trouve répétée dans le mémoire fourni aux Éditeurs de l'Encyclopédie pour le mot *soie*, article de son moulinage; savoir: » que l'organsin a besoin d'une force *extraordinaire* pour qu'il puisse » résister à l'extension & aux fatigues du travail de l'étoffe, dont » il compose la chaîne ou toile, dans laquelle la trame est passée.

Mais cette réponse est une erreur dont il faut revenir: le tord ne fortifie pas la soie, il s'en faut bien; il fait l'effet contraire. On le concevra aisément par la seule réflexion que le tord seul, & sans autre force quelle qu'elle soit, appliquée à un fil, est capable de le rompre; car il s'ensuit que si les premiers tours du fil en hélice, ne sont pas capables de le rompre, ils le préparent du moins à cette rupture, & que plus les tours ſe multiplieront, plus les fils particuliers, qui le compoſent, ſe diſtendront, ſe déchireront; plus enfin il approchera de la rupture totale.

Sans m'étendre davantage ſur une matiere ſur laquelle les Mutſchenbroek, les Pontis, les Réaumur, les Duhamel ont levé toutes difficultés; je me contenterai d'obſerver à l'auteur du mémoire cité, que le brin de ſoie préparé à recevoir le premier apprêt ou qui le reçoit, n'eſt pas ſimple; qu'il eſt compoſé de cinq, huit, dix ou douze fils particuliers de cocons; que les fils élémentaires de ce brin ſont véritablement les torons d'une corde extrêmement fine, & qu'il eſt démontré, ſoit par l'expérience, ſoit par la théorie, que ces torons ou fils élémentaires perdent, par le tortillement des uns ſur les autres, une partie de leur force particuliere : enſorte que la force du fil total ſera moindre, que la ſomme des forces que chacun des fils avoit avant le tortillement. Il eſt démontré en même tems que plus ce tortillement ſera fort, plus ces forces particulieres des fils diminueront. La démonſtration de toutes ces vérités étant étrangere à mon ouvrage, j'inviterai l'auteur à conſulter les mémoires de M. de Réaumur parmi ceux de l'Académie des Sciences; ſavoir, celui de 1710 ſur la ſoie des araignées, & celui de 1711 contenant ſes expériences ſur ce dont il s'agit ici préciſément. Je l'inviterai encore à voir dans l'Encyclopédie même l'article *corderie*, donné au public long-tems auparavant celui *ſoie;* il y trouvera les belles démonſtrations de M. Duhamel. Il eſt probable qu'il en ſera ſatisfait; qu'il reviendra de ſon erreur, & qu'il aura quelques regrets de n'avoir pas vu ces ouvrages, avant de fournir ſon mémoire, très-inſtructif d'ailleurs.

Il faut donc avoir maintenant pour principe que le moulinage ou le tord, quel qu'il ſoit, affoiblit la ſoie; que plus il ſera fort & ſerré, plus il l'affoiblira; & comme, d'un autre côté, il ne peut, à l'égard de la ſoie, être du même uſage qu'il eſt à l'égard du chanvre

& autres matieres propres à former du fil, il faut en conclure qu'il eſt néceſſaire de trouver au moulinage de la ſoie une autre cauſe, ou avouer qu'il eſt inutile, qu'il eſt même nuiſible.

J'eſpere, ſans me départir du principe de l'affoibliſſement par le tord des fils qui en compoſent un autre, faire voir dans la ſuite l'utilité, la néceſſité même du moulinage de la ſoie. Auparavant j'obſerverai que l'auteur du mémoire cité n'en reſte pas à tenir pour maxime que le tord fortifie la ſoie: il va juſqu'à nous donner des régles ſur les quantités de tord que doivent recevoir les ſoies dans leurs apprêts, & l'on préſume bien que ces régles ſont ſubordonnées à ſa maxime, & qu'elles en dérivent.

Il eſt vrai que cette conſidération ſuffiroit ſeule pour les faire rejetter; mais il faut faire attention que ſi, comme je l'ai dit, on a peu écrit ſur les Moulins à ſoie, on l'a encore bien moins fait ſur la quantité de tord à donner aux ſoies dans leurs apprêts: & les Moulins dont M. de Vaucanſon fait voir les défectuoſités, ſemblent à cet égard avoir été faits au hazard; ainſi les premiers enſeignemens ſur une matiere auſſi neuve, du moins à l'égard du plus grand nombre, s'ils ne ſont pas bons, ils ne peuvent ſe trouver renfermés dans un livre tel que l'Encyclopédie, qu'à notre déſavantage.

Je prendrai donc la liberté de contredire les régles préſentées par l'auteur que je n'ai pas l'honneur de connoître: c'eſt par la contradiction, principalement lorſqu'elle n'eſt point amère, lorſqu'elle n'eſt pas le produit de l'eſprit ſatyrique, que ſe découvre ordinairement la vérité.

ARTICLE II.

Differtation fur les régles données par l'auteur du Mémoire fourni aux Éditeurs de l'Encyclopédie, pour le mot Soie, *article de fon moulinage.*

LA premiere régle eft énoncée en ces termes par l'auteur : « Le » tord du premier apprêt doit être fi confidérable, que felon *la fup-* » *putation la plus exacte*, trois pouces de longueur de brin auront » reçu plus de huit cent tours.

Un peu après il donne la feconde ; favoir, que le tord du premier apprêt doit être *dix fois celui du fecond.*

J'avertis ici que la méthode que je me fuis faite, eft de compter le tord par pouce, c'eft-à-dire, que fi la foie a été tordue, de forte que, par exemple, dix-huit fpires ou hélices fe trouvent réparties fur chaque pouces de fa longueur : je dis que le tord de cette foie eft de dix-huit points par pouce ; & l'on voit que j'appelle point de tord l'effet d'une révolution du fufeau fur le fil qui s'en développe.

Cela pofé, j'obferve que de la combinaifon des deux régles ci-deffus, on pourroit déduire une régle générale qui feroit que le tord du premier apprêt doit être de deux cent foixante-fix points par pouce, & que celui du fecond doit être de vingt-fix, puifqu'il ne doit être que la dixiéme partie du premier.

Contre ces régles particulieres & contre la générale qui s'en déduit, vient une premiere objection. Si le tord fortifie la foie, ainfi que le penfe l'auteur, & s'il la fortifie d'autant plus qu'il eft plus fort, pourquoi le tord du fecond apprêt doit-il être fi foible en comparaifon de celui du premier ? Pourquoi, felon le même auteur, le fecond apprêt doit-il être léger ? Ne falloit-il pas au contraire pofer pour principe qu'il eft utile, qu'il eft néceffaire de le donner au plus fort poſſible, afin que l'organſin acquiere cette force *extraordinaire* qu'il doit avoir ?

Mais indépendamment de cette difficulté, examinons les deux régles en particulier, & d'abord la premiere.

Ces huit cent tours, pour trois pouces de longueur, donnent, comme je l'ai dit, deux cent ſoixante-ſix points par pouce. C'eſt vingt-deux au moins par ligne ; & l'on conçoit, ſans ſe donner la peine d'en faire l'expérience, quel eſt le mauvais effet que produiroit ſur le fil de ſoie, que la nature nous a donné ſi beau, ſi uni, ſi fin, ſi brillant, vingt-deux révolutions ſur lui-même en hélice, & ces vingt-deux hélices (*a*) réparties ſur une auſſi petite longueur que celle d'une ligne ; car indépendamment de la forte tenſion & de la diminution par ce tord exceſſif des forces des fils qui compoſent le brin, ne conçoit-on pas que d'un pareil tortillement doit réſulter ce qu'on appelle le *grippage de la ſoie*, les replis tortueux ſur elle-même, des inégalités, des nodoſités, &c.

C'en ſeroit aſſez, ce ſemble, à celui qui ſe donneroit la peine de faire attention à ceci, pour lui faire ſoupçonner de défaut d'exactitude la *ſupputation* que l'auteur qualifie d'*exacte*, & dont il fait dériver cette régle : examinons cependant qu'elle a pu être cette ſupputation *exacte*, & ce que l'auteur peut ou veut nous faire entendre par-là.

D'abord cette ſupputation ne peut pas être le réſultat du calcul de la machine & de ſes effets ſur le fil de ſoie ; on veut dire qu'elle ne peut pas être le réſultat de la comparaiſon qu'on feroit de la longueur du fil de ſoie tordu, & reçu par la bobine horizontale

---

(*a*) Un tour du filet de la vis ſe nomme *ſpire* ou *hélice* : Voyez *M. le Camus, Liv. VIII. de ſa Statique.*

pendant une de ses révolutions ; avec le nombre de tours que fait un fuseau pendant cette même révolution : pour faire cette comparaison & ce calcul, il est nécessaire que la machine y soit disposée ; or celle dont nous parle l'auteur, celle qu'il décrit dans cet article, celle sur laquelle conséquemment auroit pu être faite cette comparaison, n'y est assurément pas disposée ; elle est, a n'en pouvoir douter, & ainsi que je l'ai déjà dit, le moulin à straffins, dont parle M. de Vaucanson dans son Mémoire, année 1751, dont il a si bien fait sentir les défauts, & celui sur-tout que les straffins qui font alternativement pirouetter les fuseaux, ne peuvent leur donner, il s'en faut bien, le mouvement uniforme & régulier qu'il leur faudroit, pour pouvoir faire un calcul ou comparaison de cette espéce.

D'ailleurs il est bien essentiel de remarquer que ce n'est pas de la machine, ou de ses effets qu'il faut tirer une régle telle que celle-ci ; il faut au contraire conformer la machine à la régle, & la mettre en état d'y conformer ses effets.

Il faut donc que par *supputation exacte*, l'auteur entende des expériences faites exactement, sur des fils de soie plus ou moins tordus, par lesquelles expériences on auroit remarqué non-seulement qu'un fil de soie tordu est plus fort pour résister à un poids qu'il n'étoit avant d'être tordu ; mais encore qu'un fil de soie qui aura reçu deux cent soixante-six points de tord par pouce, soutiendra sans se casser un poids beaucoup plus fort que celui qu'un fil, qui n'auroit reçu que la dixiéme partie de ce tord, ne soutiendroit. Or ce qu'on auroit remarqué là seroit bien contraire & diamétralement opposé aux expériences & démonstrations de MM. de Réaumur & Duhamel : cependant l'auteur lui-même avouera probablement que celles-ci méritent la préférence. Passons à la seconde régle.

Elle est que le tord du premier apprêt doit être dix fois aussi fort que celui du fecond. Examinons fur quoi l'auteur la fonde particuliérement ; s'il nous la préfente fans contradiction avec lui-même, & d'une façon à nous la faire regarder comme certaine.

L'auteur fuppofe que les Piémontois font ceux qui font le plus bel organfin & le meilleur ; que nous devons les regarder comme nos maîtres à cet égard, fans avoir même en quelque forte la liberté de réfléchir fur ce qu'ils veulent bien nous enfeigner : & partant de cette fuppofition, il prétend tirer fa régle des termes de l'ordonnance de Piémont en 1737. Ces termes font, fuivant qu'il nous les rapporte, *foixante points deffous, quinze deffus*, pour le premier apprêt ; *tant fur tant, ou point fur point*, pour le fecond.

Concevant bien ces termes, les interprétant, & fondant fur fon interprétation une démonftration, il en conclut que la régle dont s'agit eft véritablement l'expreffion de l'efprit & de la lettre de l'ordonnance de Piémont.

Quelques François pourroient répondre que la démonftration leur devient indifférente, ainfi que l'efprit & la lettre de l'ordonnance de Piémont ; mais je dirai fimplement que ces termes font inintelligibles pour moi ; qu'ils me paroiffent un peu trop énigmatiques & myftérieux pour pouvoir en déduire des régles de conftruction de machines auffi importantes que celles-ci, pour en déduire, en un mot, les bonnes & vraies proportions des piéces de ces mêmes machines : & j'ai peine à ne pas penfer que les Piémontois, en faveur de leur organfin, & pour lui conferver le crédit, que probablement notre feule prévention pour tout ce qui fe fait ailleurs que chez nous, lui accorde, n'ont pas cru devoir parler plus clairement ; auffi la démonftration (que j'entendrois fi je comprenois les termes d'où on la tire) ne me perfuade pas ; elle le fait d'autant moins que je crois m'appercevoir ici d'une contradiction de l'auteur avec lui-même, d'une conrradiction entre la régle dont nos maîtres, les Piémontois, veulent bien nous faire part, & ce que l'auteur nous dit qu'ils font réellement.

Pour concevoir ceci, il faut ſavoir que les moulins de Piémont, décrits par l'auteur, ſont compoſés de quatre ou ſix moulins, les uns ſur les autres; c'eſt-à-dire, de quatre ou ſix rangées circulaires de fuſeaux, qui ont chacune au-deſſus d'elles un rang de bobines ou de guindres pour recevoir la ſoie tordue par les fuſeaux: ce ſont des bobines dont les axes ſont horizontaux, qui reçoivent la ſoie à meſure qu'elle ſe tord, s'il s'agit du premier apprêt: ce ſont des guindres s'il s'agit du ſecond.

Ce rang de fuſeaux, joint à ſon rang de bobines ou de guindres, eſt appellé *vargue*. Selon l'auteur, ces moulins Piémontois ſont compoſés de quatre ou ſix vargues, les uns ſur les autres, mais plus communément de quatre; ſavoir, trois vargues à fuſeaux & bobines pour le premier apprêt, & un ſeul à fuſeaux & guindres pour le ſecond: celui-ci eſt le vargue le plus bas. La raiſon que rend l'Auteur de cet arrangement (il eſt bien eſſentiel d'y faire attention) la voici: *c'eſt que ce dernier vargue* (celui du ſecond apprêt) *fait autant d'ouvrage lui ſeul que les deux, même les trois autres.*

Ces derniers termes ſont clairs. Il eſt évident que l'auteur entend par-là que dans le tems qu'une toiſe de longueur de fil à un ſeul brin, reçoit ſur un vargue le premier apprêt, trois toiſes de fil à deux ou trois brins reçoivent le ſecond apprêt. Cela poſé, confrontons l'arrangement à la régle.

Si la ſoie au premier apprêt doit recevoir dix fois plus de tord qu'au ſecond, cet arrangement des Piémontois ne vaut aſſurément rien; puiſqu'il faudra (& j'eſpere qu'on en conviendra ſi l'on y fait attention) il faudra, je ne dis pas *dix vargues*, mais *vingt vargues*

au

au moins, & non pas *trois*, pour fournir de l'ouvrage au ſeul vargue du ſecond apprêt ; & cela quand il ne s'agiroit que d'organſin à deux bouts : car le fil du ſecond apprêt eſt au moins double de celui du premier. D'un autre côté, ce fil double étant tordu dix fois moins que chacun des fils ſimples qui le compoſent ne le ſont, il ſera *deux fois dix*, c'eſt-à-dire, *vingt fois* plus d'ouvrage qu'un pareil vargue du premier apprêt ; par la même raiſon il faudra *trente vargues* du premier apprêt, & non pas *trois*, pour fournir à un ſeul vargue du ſecond apprêt, lorſqu'il s'agira d'organſin à trois bouts : lorſqu'il s'agira d'organſin à quatre bouts, il en faudra *quarante*. Tout cela eſt inconteſtable (*a*), ainſi il faut l'avouer, l'arrangement des moulins de Piémont contredit bien fort la régle : & ſi les termes *ſoixante points deſſous*, *quinze deſſus*, *tant ſur tant*, *point ſur point*, ont la valeur que l'auteur leur a donnée, certes les Piémontois contreviennent bien fort à l'ordonnance.

Mais ne quittons pas encore cet arrangement des moulins des Piémontois ; il a ſervi à nous montrer clairement une contradiction entre leur régle prétendue & ce qu'ils font réellement ; il ſervira encore à nous faire voir que chez les Piémontois, loin que le premier apprêt ſoit décuple du ſecond, c'eſt beaucoup s'il eſt égal à celui-ci ; & j'eſpere qu'on en ſera perſuadé ſi l'on veut bien faire attention à ce qui va ſuivre.

Je répéte ce que dit l'auteur, ces moulins ſont communément à quatre vargues, trois du premier & un ſeul du ſecond apprêt. Répétons encore la raiſon qu'il en rend. C'eſt que « le vargue du

(*a*) Il n'eſt perſonne en effet qui ne conçoive qu'à viteſſe égale des fuſeaux, moins on donnera de tord à la ſoie, plus il en montera dans un tems donné ſur la bobine ou ſur le guindre, & réciproquement..... Auſſi eſt-ce par ce principe que l'auteur, en conſéquence des termes de l'ordonnance de Piémont, prétend prouver que le tord du premier apprêt eſt décuple de celui du ſecond. Voyez ſa *deſcription du moulinage de la ſoie*.

» ſecond apprêt fait autant d'ouvrage que les deux, même les trois
» autres.

Ces quatre vargues reçoivent le mouvement par un ſeul & même moteur. Ils travaillent tous à la fois ; & il eſt viſible que cet arrangement eſt pour pouvoir travailler en même tems aux deux apprêts de l'organſin ſoit à deux, ſoit à trois bouts. Il eſt viſible encore que c'eſt pour faire enſorte que les vargues du premier apprêt fourniſſent ſuffiſamment de la matiere à celui du ſecond, & de façon qu'il ne ſoit pas mis en mouvement inutilement.

Maintenant ſuppoſons qu'il s'agiſſe de faire de l'organſin à trois bouts ; je demande à l'auteur ſi, afin que le vargue du ſecond apprêt, dont le fil eſt triple de celui du premier, ne chomme pas ; je lui demande, dis-je, s'il n'eſt pas néceſſaire que l'ouvrage ſe faſſe du moins auſſi vîte ſur chacun des vargues du premier apprêt que ſur celui du ſecond, c'eſt-à-dire, ſi pendant qu'un fil triple d'une toiſe de longueur reçoit le ſecond apprêt, il ne faut pas, pour remplacer celui-ci, que *trois toiſes* au moins de fil ſimple reçoivent le premier apprêt ſur les trois autres vargues enſemble ? Si cela eſt néceſſaire (comme il eſt évident) il s'enſuit que le tord du premier apprêt, ſur chacun des trois vargues, doit être au plus égal à celui du ſecond ; car s'il le ſurpaſſoit, il faudroit plus de tems pour le donner, & les trois vargues du premier ne pourroient plus fournir ſuffiſamment de matiere à celui du ſecond. Il y auroit des tems où ce dernier travailleroit (ce qu'on appelle) *à vuide*, & ces tems ſeroient d'autant plus conſidérables, que le tord du premier apprêt ſeroit plus fort que celui du ſecond. Ainſi il eſt ſenſible que c'eſt beaucoup, ſi en Piémont le tord du premier apprêt égale celui du ſecond.

Les fils qui compoſent un brin de ſoie n'acquérant pas de nouvelles forces par le tortillement des uns ſur les autres, ainſi qu'il a été démontré, il me reſte à indiquer, comme je l'ai promis, une autre raiſon du moulinage de la ſoie.

ARTICLE III.

Le moulinage eſt néceſſaire à la Soie deſtinée à être décreuſée.

» C'EST la certitude que le tortillement affoiblit les cordes qui » détermina M. Mutſchenbroek à chercher les moyens d'en faire » ſans cette condition, eſt-il dit dans l'Encyclopédie ſous le mot » *corde méchanique*. Si la ſoie pouvoit être employée dans les étoffes avec cette gomme aurore qu'elle porte, & qui lui reſte après qu'elle eſt tirée des cocons, le moyen cherché par Mutſchenbroek ſeroit trouvé, du moins à l'égard de la ſoie. Ce moyen ſeroit cette gomme même qui colle les fils des cocons, & les fait adhérer ſelon leur longueur les uns aux autres. Cette gomme ſuppléeroit par-là au tortillement des fils, qui ſans elle deviendroit néceſſaire pour produire cette adhérence ; en même tems elle conſerveroit à chacun des fils de cocons, qui compoſent le brin, toute ſa force. La ſoie par-là conſerveroit encore ſon brillant, ſa longueur & conſéquemment ſa fineſſe.

Mais malheureuſement il n'y a que très-peu d'ouvrages où l'on employe la ſoie avec ſa gomme. Il faut pour preſque tous la dégommer. Ce dégommage, que l'on nomme *décreuſement*, lui ôte ſa roideur & lui donne la flexibilité convenable, en même tems (& c'eſt le point capital) il la met en état de recevoir la teinture.

Or voici ce que produit cette opération néceſſaire, & ce qui, ſelon moi, rend le moulinage néceſſaire auſſi.

Cette gomme qui enduit le fil de ſoie au point de former, on le ſçait, le quart de ſa ſubſtance ou de ſon poids; cette gomme qui réuniſſoit les fils de cocons les uns aux autres, ſans qu'on pût les déſunir; cette gomme, dis-je, enlevée, les fils qui compoſoient le brin total ſont déſunis. Les eſpaces qu'occupoit la gomme entre-eux reſtent vuides. Ces mêmes fils, de toute part attaqués par les alkalis du ſavon, que l'eau bouillante y a introduit, ſeront auſſi bien que le brin qu'ils compoſent, couverts d'un petit duvet, par lequel ils s'accrocheront à tout ce qu'ils rencontreront. Pluſieurs ſe déchireront, ſe caſſeront au chevillage dont ils auront à ſupporter les efforts, & à la teinture, & au luſtrage. Ils ſeront à l'ouvrage encore plus expoſés à ſe déchirer & ſe caſſer par les frottemens qu'ils y eſſuyeront. Dans les endroits multipliés où quelques-uns de ces fils compoſans auront été caſſés, le brin en ſera d'autant moins fort. Enfin, les étoffes dans leſquelles le fil de ſoie, en cet état, ſera employé, ſe cotonneront.

Pour prévenir tous ces mauvais effets du décreuſement, on doit donc réunir auparavant, par le tord, les fils que l'on ſçait qu'il déſunira. Le fil, par exemple, qu'on nomme *poil*, compoſé d'un ſeul brin de ſoie, & qui ne doit être employé que dans la bonneterie, pourroit-il ne pas ſe cotonner à la teinture & à l'ouvrage, après ce que le décreuſement lui aura fait ſupporter, ſi l'on ne travailloit à réunir par avance & par un tord leger, les fils qui le compoſent? La trame formée de deux ou trois brins, n'a-t-elle pas beſoin auſſi de cette réunion par le tord, pour ne pas être expoſée au mêmes inconvéniens, ſoit à la teinture, ſoit au dévidage, ſoit à l'ouvrage? Elle ſouffrira moins de frottemens que la chaîne; auſſi ſe contentera-t-on de la réunion qui peut s'opérer par le ſimple tortillement des brins qui la compoſent les uns ſur les autres. La chaîne, comme on vient de le faire preſſentir, indépendamment des frottemens qu'elle doit eſſuyer comme la trame, elle aura à ſupporter au par-delà ceux multipliés du paſſage du fil de trame; ainſi il faudra une réunion plus intime, pour ainſi dire; une réunion double de l'autre; il faudra donc faire précéder l'apprêt, pareil à celui de la trame, par un autre qui réunira d'abord les fils de chacun des deux ou trois brins particuliers dont l'organſin doit être compoſé. Ces deux apprêts, donnés à contre-ſens l'un de l'autre, oppoſés l'un à l'autre, ſe feront réciproquement équilibre, ſe maintiendront l'un par l'autre, & maintiendront d'autant plus la réunion. Non-ſeulement les fils particuliers qui compoſent chaque brin, mais encore les brins même en particulier, & qui compoſent celui total de l'organſin, ne ſeront plus expoſés à ſupporter ſeuls & ſéparément des autres, les frottemens auxquels ils ne réſiſteroient pas.

Ce n'eſt qu'en ce ſens, ſelon moi, que le moulinage qui les unit, qui réunit les forces particulieres que le tortillement & le décreuſement leur ont laiſſés, peut être dit *fortifier la ſoie*. Le peu que ces fils perdent de leurs forces par un moulinage modéré, n'eſt pas comparable aux riſques qu'ils courroient ſans cette réunion, ni aux avantages qui en réſultent pour la facilité, la bonté, la perfection de l'ouvrage. Il ſuit donc delà qu'encore qu'en général le tord, quel qu'il ſoit, diminue les forces particulieres des fils qui en compoſent un autre; le moulinage devient néceſſaire à la ſoie *qui doit ſouffrir le décreuſement*: mais il n'eſt utile qu'à la réunion dont nous avons parlé; il faut donc le borner à ce qui en eſt néceſſaire à cette même réunion; tout ce qui ſeroit au-delà deviendroit non-ſeulement inutile, mais nuiſible, par l'effet général du tortillement ſur les fils.

Ce tord porté au-delà du néceſſaire nuiroit encore par une autre raiſon, la voici:

Plus le tord ſera fort, plus il diſtendra les fils qui compoſeront le brin total : or plus leur diſtenſion ſera forte, moins ils ſeront capables d'eſſuyer, ſans altération, l'action violente des ſels dans le décreuſement, cela eſt évident ; c'eſt cependant ce à quoi l'on ne paroît pas avoir fait grande attention juſqu'à préſent.

ARTICLE IV.

Quelle paroît être la quantité de tord propre à remédier aux effets du décreuſement.

La néceſſité du moulinage devant être, ainſi que je crois l'avoir fait voir, bornée à la ſoie qui doit ſouffrir le décreuſement, & le tord lui-même devant ſe reſtraindre auſſi à ce qui eſt néceſſaire à la réunion des fils que ce même décreuſement déſunira ; peut-être demandera-t-on quelle eſt, du moins à-peu-près, la quantité de tord ſuffiſante à cette réunion ?

S'il m'eſt permis d'expoſer mon ſentiment là deſſus, je dirai qu'il me paroît que deux révolutions du fil en hélice, réparties ſur la petite longueur d'une ligne ; ou (ce qui eſt le même) que vingt-quatre à vingt-cinq points de tord par pouce, ſuffiront à cette réunion, & cela tant au premier apprêt qu'au ſecond.

A l'appui de cette opinion viennent, 1°. des eſpéces d'analyſes que j'ai faites à l'œil, de quelques échantillons d'organſin de Piémont & de France, qui m'ont été envoyés de Lyon ; j'ai remarqué que cet organſin, aſſez fin, n'avoit reçu que vingt-deux à vingt-trois points de tord par pouce au ſecond apprêt : au premier, il m'a ſemblé en avoir reçu encore moins. En ſecond lieu je ferai remarquer que cette même opinion eſt bien relative à tout ce qui a été dit auparavant ſur l'arrangement des moulins Piémontois : il eſt très-poſſible même de l'en déduire ; car d'un côté il ſuit, comme je l'ai dit, de la combinaiſon des deux régles préſentées par l'auteur qui nous a fait connoître cet arrangement : que, ſelon cet auteur même, le tord de vingt-cinq à vingt-ſix points par pouce eſt bien ſuffiſant, du moins au ſecond apprêt ; & de l'autre, j'ai fait voir que c'eſt beaucoup ſi en Piémont le tord du premier apprêt égale celui du ſecond.

Ceci n'eſt préſenté au reſte qu'en attendant que quelque perſonne impartiale & déprévenue, plus à portée que moi d'obſerver les effets du trop grand tord ſur la ſoie, nous aura donné quelque choſe de mieux.

ARTICLE V.

Le tord du premier apprêt doit être égal à celui du ſecond.

C'EST encore en attendant ceci que je ferai remarquer qu'en avançant, comme je viens de le faire, que la réunion des fils ne me paroiſſoit pas demander communément un tord plus fort que celui de vingt-cinq points par pouce ; j'ai ajouté, *ſoit au premier, ſoit au ſecond apprêt.* Par-là j'ai fait entendre que je ne penſois pas qu'il dût y avoir de la différence entre un apprêt & l'autre. Je penſe en effet (s'il m'eſt permis de le dire) que quelle que ſoit d'ailleurs & en général la quantité de tord déterminée néceſſaire à la réunion des fils, après avoir donné cette quantité au premier apprêt, on doit la donner encore au ſecond. Je ne ſuis pas ſeul de ce ſentiment ; j'avouerai même que je ne fais ici qu'adhérer à celui d'un Méchanicien des plus habiles (*a*), dont l'opinion mérite d'autant plus de conſidération, qu'il eſt parfaitement au fait de nos Manufactures d'étoffes de ſoie & de nos Moulins à ſoie ; mais n'étant plus d'uſage en matieres phyſiques de ſe contenter d'étayer ſes ſentimens de ceux même des perſonnes auxquelles il paroîtroit convenir

(*a*) M. Goeſſons de la Société royale des Sciences à Lyon.

de ſe rapporter, je déduirai les raiſons ſur leſquelles je fonde celui-ci.

Il y a à la vérité bien de la différence entre faire de la corde & faire de l'organſin ; entre *commettre* la corde & donner les deux apprêts à la ſoie pour en faire de l'organſin. On commet la corde par une ſeule & même opération que je définirai bientôt. On fait l'organſin par deux opérations différentes, par deux moulinages ſéparés & ſucceſſifs: mais par les deux méthodes on aboutit au même point, & l'on attend d'elles le même effet.

L'organſin eſt proprement une petite corde de ſoie; il en eſt même qui le nomment *un petit cable*. En le faiſant, on donne à ſes fils, comme à ceux de la corde, deux tords contraires & oppoſés : on a en vue par-là de maintenir dans l'organſin, comme dans la corde, un tortillement par l'autre ; enſorte qu'ils ſe faſſent réciproquement équilibre.

Or examinons ce qui maintient cet équilibre, de façon que la corde, une fois commiſe, ne ſe détortille pas ; ſi c'eſt parce qu'un tortillement eſt égal à l'autre ; ſi c'eſt parce qu'il n'eſt aucun pas d'hélice qui n'ait ſon contre-pas d'hélice oppoſé dans l'autre tortillement: il ſera aiſé d'en conclurre que pour établir & maintenir cet équilibre dans l'organſin, il faudra que les deux apprêts ſoient égaux; c'eſt-à-dire, que ſi l'on ſe détermine à donner, par exemple, vingt points par pouce au premier apprêt, il faudra au ſecond apprêt en donner vingt auſſi par pouce.

Le *bitord* des Cordiers, qui eſt une ficelle compoſée de deux fils, répond à l'organſin à deux bouts; le *merlin*, compoſé de trois fils, répond à celui à trois bouts. Je ne décrirai pas ici comment l'un & l'autre ſe commettent: je dirai ſeulement que commettre le bitord, par exemple, c'eſt tordre du même ſens les deux brins d'un même fil;

fil; enforte que par l'élafticité de la matiere qui compofe ce fil, ces brins font contraints de tourner en hélice du côté contraire au tord qu'ils reçoivent actuellement, & de fe rouler l'un fur l'autre de ce même côté contraire. Il réfulte delà, aux fils qui compofent le bitord, deux tortillemens oppofés; favoir, celui que ces brins reçoivent (*a*) chacun en particulier de gauche à droite, par exemple, & celui produit par le premier, & qui leur réfulte de s'être roulés l'un fur l'autre de droite à gauche.

Lorfque les fils de la corde ont reçu à la fois, & par cette feule opération, ces deux tortillemens oppofés; lorfqu'elle eft commife, & qu'abandonnée à elle-même elle s'eft (fi l'on veut) foulagée d'une partie du premier tortillement qui lui a été donné pour bander, pour ainfi dire, les refforts & forcer les fils à fe rouler l'un fur l'autre; alors elle ne fe détortille plus, tout refte tranquille & en équilibre. Cherchons-en la raifon, elle ne fera pas bien difficile à trouver.

1.° Lorfque je tourne en hélice, par fon extrémité, un des brins du bitord qui vient d'être commis, lorfque je le tord dans le fens même de fon premier tortillement, il y réfifte, & fi je l'ai forcé à recevoir trois nouvelles révolutions dans ce fens, en l'abandonnant enfuite à lui-même, il fe remettra en fon premier état par trois révolutions en fens contraire. La raifon de cet effet eft bien fenfible;

(*a*) Je ne parle que du tord qu'on donne aux fils lorfquon les commet; je laiffe à l'écart & je compte pour rien le premier qu'ils ont reçu lorfqu'on les a filés: il eft aifé d'en fentir la raifon; l'effet de ce premier tord eft borné à maintenir le chanvre dans la forme que la foie a naturellement. Voyez *l'Art. III. Ch. I. ci-deffus*. Auffi devient-il néceffaire, lorfqu'on commet ces fils, de leur donner un tord nouveau & de même qu'on feroit à des brins de foie qui n'auroient pas été tordus auparavant, & qu'on voudroit commettre auffi. Toute la différence feroit que, comme le fil de foie eft formé naturellement, il deviendroit indifférent d'en tourner les brins à droite ou à gauche; aulieu qu'il ne le feroit pas de faire la même chofe aux fils de chanvre; puifque, fi on les tournoit du côté contraire au tord qu'ils ont reçu lorfqu'ils ont été filés, non-feulement ils ne fe commettroient pas, mais encore les brins de chanvre qui les compoferoient fe défuniroient, &c....

ces trois nouvelles hélices, ajoutées au premier tortillement, n'ont pas leurs trois contre-hélices dans le ſecond tortillement; rien n'empêche donc que par l'élaſticité naturelle de ce brin, il ne perde ce nouveau tord.

2°. Si l'on fait faire à la corde commiſe trois autres révolutions dans le ſens du ſecond tortillement, ces trois nouvelles hélices ne ſe maintiendront pas, c'eſt par la même raiſon; elles n'ont pas dans le premier tortillement des contre-hélices qui les maintiennent.

Il eſt donc ſenſible que dans la corde commiſe chaque hélice ne ſe maintient que par ſon oppoſée, & conſéquemment que le nombre des hélices, dans l'un & l'autre tortillement, eſt égal: ainſi c'eſt leur nombre égal dans chaque tortillement, qui produit l'équilibre dont il s'agit.

M. Duhamel nous dit ceci en d'autres termes dans l'Art de la Corderie, chap. 7. « Qu'eſt-ce, dit-il, pag. 156, qui fait le tortille- » ment d'une corde? C'eſt, comme on vient de le voir, l'élaſticité » des fils, ou l'effort qu'ils font pour ſe détordre: or cette élaſticité » des fils augmente à meſure qu'ils ſont plus tordus; *donc la corde* » *doit être d'autant plus tortillée de gauche à droite que les fils l'auront* » *plus été de droite à gauche.* » Un peu plus bas il dit:

» Une corde bien faite doit être regardée comme deux reſſorts » d'égale force, qui agiſſant l'un contre l'autre ne produiſent aucun » effet. »

Venons à l'application de ceci à l'organſin.

Il ſeroit trop long de le commettre comme la corde; il ſeroit trop difficile de le faire ſur la longueur du fil qui compoſe ordinairement un écheveau de ſoie; cette longueur eſt immenſe ſi on la compare à celle d'une corde que l'on commet: on eſt donc obligé de donner, ſéparément & ſucceſſivement, aux fils de l'organſin, les deux tortillemens contraires, & propres à en faire du *bitord* ou du *merlin* de ſoie (*a*).

Mais ſi l'on veut que ces tortillemens ſe faſſent équilibre comme dans les vrais bitord & merlin, n'eſt-il pas évident qu'il faut faire enſorte que chaque hélice ou chaque point de tord d'un apprêt, ait ſa contre-hélice ou ſon contre-point de tord dans l'autre apprêt, & conſéquemment que les deux apprêts ſoient égaux.

Je finirai cet article par une obſervation telle, à l'égard de l'organſin, que celle que M. Duhamel a fait à l'égard de la corde. Les deux forces contraires, qu'acquiérent les fils de l'organſin par leurs tortillemens, ne le fortifient pas; puiſque ces fils n'acquiérent ces deux forces qu'aux dépens des parties élaſtiques qui les compoſent, & que par la tenſion de ces mêmes parties: on conçoit donc que plus cette tenſion ſera forte, plus les fils auront perdu de leurs forces, & moins il en reſtera conſéquemment à l'organſin. Cela fait toujours ſentir de plus en plus l'erreur de ceux qui s'imaginent que l'organſin le plus fort eſt celui qui a reçu le plus de tord.

En vain diroient-ils que la ſoie tordue perd par ſon décreuſement, dans l'eau bouillante, la tenſion que le tord avoit donnée à ſes par-

(*a*) L'organſin à trois bouts répond, ainſi que je l'ai dit, au merlin, comme celui à deux bouts répond au bitord. On pourroit faire de ce premier organſin qui feroit à trois brins de chacun ſix fils de cocons, aulieu d'organſin à deux brins de neuf fils chacun: il n'y auroit pas plus de ſoie dans l'un que dans l'autre; & cependant on trouveroit, ce ſemble, à ce même premier organſin, les mêmes avantages ſur le ſecond, que M. Duhamel attribue, à ſi juſtes titres, au merlin ſur le bitord. On peut voir la page 162 & les ſuivantes de l'Art de la Corderie; & (par application à l'organſin, de ce qui y eſt dit) on en conclura probablement, 1.° Que celui à trois bouts ne devant recevoir, ſoit au premier apprêt, ſoit au ſecond, que les deux tiers du tord que recevroit, à chacun des mêmes apprêts, l'organſin à deux bouts, ce premier doit être plus fort que le ſecond. 2.° Qu'il y auroit auſſi de l'avantage à l'égard de la vîteſſe ou expédition de l'ouvrage; puiſqu'il eſt clair qu'au ſecond apprêt de l'organſin à trois bouts, il ſe feroit, dans le même tems, un tiers d'ouvrage de plus qu'au ſecond apprêt de l'organſin à deux bouts, tandis qu'au premier apprêt de l'un & l'autre, la vîteſſe de l'ouvrage feroit précíſément la même.

J'y trouverois encore de l'avantage, à l'égard du luſtre de la ſoie, puiſque les trois brins qui compoſeroient le premier organſin, auroient enſemble, plus de ſurface pour réfléchir la lumiere que ces deux qui compoſeroient le ſecond; mais je ſoumets encore tout ceci aux réflexions des connoiſſeurs.

ties; je répondrois que les Fabricans de bas employent la ſoie décreuſée, mais qu'ils ne la veulent pas auſſi fortement tordue que celle à employer dans les étoffes : ils trouvent le travail de celle-ci plus long & plus difficile, parce que la ſoie ſe caſſe ſouvent; ils trouvent qu'avec cela l'ouvrage en eſt moins propre & de moindre durée. La cauſe de ces mauvais effets eſt donc le trop grand tord de la ſoie lorſqu'elle étoit gréſe ; ainſi cette cauſe, cet affoibliſſement de la ſoie par le tord, ſubſiſte après le décreuſement.

En effet le fil de ſoie forme preſque une ligne droite dans les étoffes, & il y diminue très-peu de longueur ; dans les ouvrages de Bonneterie, au contraire, il forme une ligne ondée, dont les ondes ſont très-courbes & ſi multipliées que la longueur du fil en eſt diminuée fortement : dans les étoffes, les parties extérieures du fil, qui, par ſon tord en ſpirale, ont ſouffert une extenſion, n'en ont pas une nouvelle à ſouffrir ; dans les ouvrages de Bonneterie, le fil ſe courbant fréquemment, elles en ſouffrent une nouvelle; car on ſait que ce qui fait réſiſter une corde à ſe courber, eſt la nouvelle extenſion que doivent ſouffrir pour cela les parties extérieures des fils qui la compoſent. Cette nouvelle extenſion (des parties extérieures du fil de ſoie par la courbure), ſe joignant à la premiere, altérera ces parties au point de ne pouvoir plus gueres s'étendre ſans ſe caſſer (*a*). Il ſuit donc delà que plus la ſoie aura été tordue avant le décreuſement, moins elle réſiſtera à cette nouvelle extenſion étant décreuſée : or moins elle réſiſtera à cette nouvelle extenſion, plus elle ſera foible ; ainſi la tenſion & le reſſort que les parties du fil avoient acquis par le tord ſeront détruits, à la vérité, par le décreuſement ; mais l'extenſion de ces parties & leur affoibliſſement par cette même extenſion ne le feront pas.

Fin de la premiere Partie.

(*a*) Voyez l'Art de la Corderie, pag. 230 & ſuivantes.

SECONDE PARTIE.

DESCRIPTION DE LA MACHINE, DE SES USAGES, &c.

CHAPITRE PREMIER.

Description du Moulin, développement de son systême.

JE suppose qu'on a jetté les yeux sur les plans & différentes élévations de la Machine, pour s'en former une premiere idée, & je dis que, des six montans, dont on voit les coupes horizontales en A, B, C, D, E, F, [*Fig.* 1.re], les quatre premiers vers la gauche, sont assemblés par deux étages de traverses [*Fig.* 3], l'un pour porter la cage circulaire des fuseaux, l'autre pour porter celles des guindres. J'observerai ensuite que les deux autres montans E F [*Fig.* 1.re], se joignent au deux, C D, par trois étages de traverses [*Fig.* 3], pour porter l'arbre vertical ou *la tige du moulin*, de même que la manivelle & son rouet; cela se fait par trois autres traverses, dont chacune porte par ses extrémités sur chacun des étages dont on vient de parler, & de la même façon que celle W W [*Fig.* 2], qui est celle de l'étage supérieur; les deux autres ne peuvent paroître dans les Figures premiere & troisiéme.

Après ce coup d'œil général, venons au détail.

ARTICLE PREMIER.

Description du bas du Moulin & des piéces qui le composent.

LA Figure 4 montre un fuseau nud, & la forme qu'on a donnée à tous ceux de ce Moulin. Il est de fer & destiné à tourner sur son pivot *a*, reçu dans une crapaudine de cuivre, & à être maintenu verticalement par son collet ou étranglement *b*, contenu dans une petite lunette de cuivre, qui lui laisse la liberté de tourner. Sa poulie ou cuivrot *c*, est pour recevoir la corde qui doit le mettre en mouvement; sa partie pyramidale quarrée *d e*, reçoit la bobine [*Fig.* 5], qui est percée quarrément. En *d*, est une moulure ou embase assez haute & assez large pour supporter la bobine & l'empêcher de descendre plus bas. La partie ronde *e f*, du fuseau, doit recevoir la couronnelle [*Fig.* 6], qui est percée d'un trou rond pour pouvoir jouer, ou tourner librement sur cette partie (*a*). En *f*, le fuseau se trouve percé de part en part, & perpendiculairement à son axe: ce trou est pour loger une goupille de bois qui empêche la couronnelle de s'échapper pendant que le fuseau est en mouvement.

Ce en quoi ce fuseau differe principalement de ceux des Moulins à soie ordinaires, est la petite poulie de cuivre dont la gorge est faite en angle très-aigu : cette poulie lui est ajoutée pour lui communiquer le mouvement par une petite corde. On voit dans le bas de la Figure 3 les fuseaux revêtus de leurs piéces (*b*).

(*a*) Voyez ce qu'on dit de cette couronnelle à la page 6.

(*b*) Je dois faire remarquer ici une faute dans le dessein. Les boucles supérieures de la plûpart des couronnelles y sont de côté, & non dans l'axe du fuseau; il est sensible, par la figure même, que lorsque l'on donne cette position à ces boucles, le fil de soie, qui, partant de la bobine a été conduit dans la boucle inférieure, & delà à la supérieure de la couronnelle, doit rencontrer à chaque révolution de la même couronnelle le haut du fuseau, ou la goupille qui y est, & conséquemment qu'il doit se casser souvent; il faudroit donc

La cage ronde, dans laquelle les fuſeaux ſont placés, eſt compoſée de deux cercles évuidés dans le milieu ou plutôt de deux couronnes de cercle de bois pareilles à celle terminée par les circonférences concentriques G H I K, *g h i k* [*Fig.* 1.re]; la couronne inférieure eſt cachée dans cette figure par la ſupérieure; mais les deux couronnes, ou du moins leurs moitiés (*a*), paroiſſent avec leur épaiſſeur & diſtance dans la Fig. 3. La ſupérieure eſt G H; l'inférieure B D.

Elles ſont aſſemblées par ſix boulons ſemblables à celui repréſenté à part [*Fig.* 7]. Ils ſont diſtribués à diſtances égales ſur une même circonférence, ainſi qu'on le voit aux endroits marqués L, ſur la couronne G H I K [*Fig.* 1.re]; ces boulons ſont à double clavette & double embaſe [*Fig.* 7]. On en voit quatre en place dans la Figure 3. Ils y ſont marqués L; & l'on conçoit que ces boulons, également diſtribués ſur une même circonférence, & ayant leurs embaſes à diſtances égales, doivent maintenir les couronnes dans leur pourtour à une diſtance l'une de l'autre, égale auſſi.

Les fuſeaux ſont logés dans cette cage circulaire, ainſi qu'on le voit en G D. De plus, ils y ſont mobiles ſur leur pivot d'en bas, reçus dans les petites crapaudines qui ſont dans la couronne inférieure B D. Ils y ſont maintenus verticalement, & avec liberté de tourner par leur collet reçu dans les lunettes de laiton portées par la couronne ſupérieure G H (*b*). Ils y ſont enfin au nombre de

---

que tous les centres de ces boucles ſupérieures fuſſent placés dans la figure, précifément dans les axes prolongés des fuſeaux, & ainſi qu'ils ſont aux cinquiéme, ſeptiéme & douziéme de ces fuſeaux, à compter de la gauche de cette même figure.

(*a*) On dit leurs moitiés, parce que la Figure 3 ne repréſente que la moitié, ou l'un des grands côtés du Moulin; mais ceci eſt ſuffiſant, puiſque l'autre côté eſt en tout ſemblable au premier.

(*b*) Les crapaudines ne ſont autre choſe que des petits cylindres de cuivre ou métal de cloche, de trois à quatre lignes de diametre, ſur ſept à huit de hauteur, ſciés dans un bâton de même métal & diametre. Dans la baſe ſupérieure de ce petit cylindre, on

vingt-quatre, diſtribués [*Fig.* 1re] à trois pouces les uns des autres; ſur une circonférence d'un pied de rayon, & dans l'ordre marqué ſur la couronne G H I K.

Chaque fuſeau y eſt déſigné par trois circonférences concentriques. La plus petite marque une coupe horizontale du fuſeau (*a*); la moyenne celle de la bobine; la plus grande eſt la circonférence que décrit la boucle inférieure de la couronnelle, lorſque le fuſeau tourne.

Les fuſeaux ainſi diſtribués & logés[1], ayant chacun leur poulie à égale diſtance de la couronne inférieure B D [*Fig.* 3], ſont menés par une corde ſans fin d'une ligne de diametre; laquelle corde eſt menée elle-même par la grande poulie M de la tige du moulin. On peut ſuivre de l'œil, ſur la Figure 1re, le chemin de cette corde; & l'on y remarquera que c'eſt ſon paſſage derriere les roulettes N N, en entrant dans le chaſſis & en en ſortant, qui la fait appuyer ſur le devant & dans les poulies des fuſeaux. Ces roulettes ſont des eſpéces de demi-fuſeaux de bois pivotés & tourillonnés de fer; elles ſont mobiles comme eux ſur leurs pivots dans leurs crapaudines, & ſont maintenues verticalement par leurs petits tourillons reçus, &

---

a fait un petit enfoncement conique d'environ une ligne de profondeur pour recevoir le pivot. Chacune de ces crapaudines eſt à ſa place, logée dans l'épaiſſeur de la couronne inférieure, dans un trou percé de part en part de la couronne, dans lequel on l'a fait entrer de force. Ceci donne la facilité (moyennant un petit goujon de fer & quelques legers coups de marteau) d'abaiſſer ou d'exhauſſer, au beſoin, d'une demi-ligne, plus ou moins, la crapaudine.

Les lunettes ſont des plaquettes de laiton d'un pouce en quarré, ſur environ une ligne d'épaiſſeur. Elles ont été percées chacune d'un trou rond dans le milieu, & d'un diametre un peu plus fort que celui du collet du fuſeau. Après que, vers chacun des angles de la plaquette, on a eu fait un petit trou pour paſſer une épingle de fil de fer, on l'a ſcié en deux parties égales, leſquelles ſe raccordant & contenant le collet du fuſeau, ont été noyées dans le bois de la partie ſupérieure de la couronne G H I K (*Fig.* 1.); elles y ſont maintenus par les épingles aux angles.

(*a*) Cette coupe devroit être repréſentée quarrée.

& tournans dans la couronne ſupérieure. On voit une de ces roulettes en N [*Fig.* 3].

On ſait que les cordes s'allongent ou s'accourciſſent ſelon la ſécheresse ou l'humidité de l'atmoſphere ; pour parer à ces variations de la corde & la maintenir toujours dans une tenſion égale, on a placé au-devant des deux montans C, D [*Fig.* 1.re], ſur la planchette O O, deux petits chariots qui portent chacun l'eſſieu d'une petite poulie. Ces chariots jouent comme des couliſſes ou tiroirs dans leur canal formé par deux régles attachées ſur les rives de la planchette O O ; chacun de ces petits chariots répond à un poids au-deſſous de la traverſe. Ce poids, (au moyen de la corde par laquelle il eſt ſuſpendu, & qui paſſe ſur la poulie fixe O), attire ce petit chariot vers le même côté O. Un coup d'œil ſur le bas de la Figure 8, fera concevoir tous ce petit méchaniſme ; & en même-tems, qu'en plaçant l'un des brins, ou ſi l'on veut les deux brins de la corde ſur les poulies de ces petits chariots [*Fig.* 1.re], ils feront contre-poids & tiendront la corde toujours dans une tenſion égale & indépendante des variations de l'atmoſphere.

REMARQUE.

J'OBSERVERAI que, comme dans preſque toute cette machine, l'engrenage des poulies, par des cordes ſans fin, remplace celui des roues dentées ; ces cordes s'y trouvent au nombre de huit, ayant chacune leur petit *chariot contre-poids*, pareil à ceux dont on vient de parler. La ſeule différence eſt que ceux-là jouent dans des plans perpendiculaires, aulieu que ceux-ci le font dans un plan horizontal ; ainſi ce qu'on en vient de dire ſervira à l'intelligence de la conſtruction de tous les autres. Paſſons maintenant à l'examen de l'étage des guindres, ou du haut du Moulin.

ARTICLE II.

Deſcription du haut du Moulin.

Les guindres ou dévidoirs ſont placés dans une cage en parallélogramme rectangle, portée (ainſi qu'on le voit Fig. 3), par le ſecond étage de traverſes P Q, qui ſert à aſſembler les quatre montans A, B, C, D [*Fig.* 2].

Cette cage eſt formée par deux ais de longueur égale, mais leur largeur eſt un peu différente ; ſur chaque grand côté du Moulin, le ſupérieur en a un pouce de moins que l'inférieur. On ne peut pas voir en la Figure 2 cet ais ſupérieur, on ne voit que l'inférieur I K ; mais les épaiſſeurs & emplacemens de l'un & de l'autre ſe voient en I K & en O O [*Fig.* 3].

Pour former la cage de la hauteur qu'on vient de voir, ces ais ſont aſſemblés par ſix montans, dont on voit les largeurs, épaiſſeurs & emplacemens aux endroits marqués L [*Fig.* 2] ; ces montans portent à chacune de leurs extrémités des tenons qui pénétrent & paſſent au-delà des épaiſſeurs des ais, & qui dans leurs parties ſaillantes ſont percés & clavettés. Deux de ces tenons ſont F, F [*Fig.* 3] ; les autres, ſoit ſupérieurs, ſoit inférieurs, ſont cachés par d'autres parties de la machine. On voit cependant en F [*Fig.* 8] les tenons inférieurs de deux montans, auſſi bien que les ſupérieurs.

Cette cage eſt faite, comme on l'a dit, pour loger les quatre guindres ; ſavoir, deux ſur chacune des faces du Moulin. Ils y ſont diſpoſés entre-eux dans l'ordre marqué dans la Figure 2, où il y en a qui ſont briſés, pour laiſſer voir entiere une autre partie dont on parlera en ſon lieu. On remarque dans la Figure 3 la hauteur à laquelle les guindres ſont placés, & en même-tems, que les montans L, dont on a parlé, ſervent d'appuis à leurs tourillons & collets.

Ces dévidoirs ou guindres, dont les arbres doivent être horizontaux, ne sont autre chose que des chevalets composés de quatre lames de bois, fixées à quelques distances de leurs extrémités, sur les quatre branches égales de deux petites croix montées sur un même arbre. On sait que dans les Figures 2 & 3 il n'y a que deux des quatre lames qui puissent paroître, du moins distinctement : dans la Figure 2 on a représenté les deux lames de chaque guindre, qui ont au-dessous d'elles une clef ou coin de la longueur de la lame. Cette clef porte une échancrure R, ensorte qu'en la tirant à soi, suivant la longueur de la lame, l'extrémité, vers R, de cette lame (mobile vers son autre extrémité S comme sur un centre), a la liberté de se baisser de quelques lignes vers l'arbre du guindre. Ceci est fait, on le sent bien, pour pouvoir tirer les écheveaux de soie de dessus le guindre. Quand ils en sont tirés, si l'on repousse les clefs, les deux lames se remettent en leur premier état.

L'arbre de chaque guindre est terminé, d'un côté, par un tourillon reçu dans le montant du milieu [*Fig.* 2 & 3]; il est terminé de l'autre côté par sa poulie V; son autre tourillon, ou plutôt son collet, est entre cette poulie & les extrémités des lames des guindres. On voit dans ces deux Figures & dans la neuviéme que ces collets & tourillons, tournent dans les montans qui leur servent d'appuis : le Déssinateur a oublié cependant de marquer les entrées de ces appuis sur les montans L de la Figure 3.

REMARQUE I.re

Avant de venir à l'examen du rouage ou des piéces qui donnent le mouvement aux guindres, je ferai remarquer ce dont j'ai déjà parlé; savoir, que les poulies, moyennant des cordes sans fin, remplacent ici les roues dentées; que les différentes grandeurs de leurs diametres tiennent lieu des dents ou des aîles qu'auroient des roues & pignons; que les tours contemporains de deux ou plusieurs poulies, menées par une même corde sans fin, sont en raison inverse de leurs diametres, comme le sont ceux des roues & pignons par rapport aux nombres de leurs dents; en un mot, qu'une poulie, qui, par une même corde, en mene une ou plusieurs autres, engrene avec elles; & par conséquent la plus petite poulie d'un arbre en sera la *poulie-pignon*; la plus grande, la *poulie-roue*.

REMARQUE II.

J'OBSERVERAI en second lieu que ce système de poulies, au-lieu de roues dentées, donne la facilité d'ouvrir sur un même morceau de bois, monté sur un même arbre, plusieurs *poulies-pignons* de différens diametres; ces poulies multipliées tiendront lieu chacune d'autant de pignons à nombres différens d'aîles, qu'on pourroit monter successivement sur cet arbre pour engrener avec une même roue dentée; on pourra conséquemment changer par-là l'effet de la machine en accélérant ou retardant la vîtesse de certaines parties relativement à celle des autres. J'appellerai *fusée* la somme de ces *poulies-pignons* ouvertes dans un même morceau de bois, & propres chacune à engrener par une corde avec la même *poulie-roue*.

Cela posé, le mouvement des guindres ne sera pas difficile à concevoir. Une des *poulies-pignons* de la *fusée*, désignée par le chiffre 1 au haut de la tige du Moulin [*Fig.* 3], engrene par une même corde avec les deux grandes *poulies-roues* Y, Z; les arbres de ces deux-ci portent chacun deux fusées égales [*Fig.* 2, 3 & 8]; une *poulie-pignon* de chacune de ces quatre fusées engrene par une autre corde sans fin avec la poulie V du guindre au-dessus d'elle, & le fait tourner.

Les passages, positions & marches des cordes, sont très-aisés à entendre ſur la machine même ; mais il n'eſt pas ſi aiſé de les faire comprendre en élévation, à cauſe de la confuſion qu'y font néceſſairement les différentes cordes ; cependant ſi l'on veut bien me ſuivre avec un peu d'attention, j'eſpere qu'on les entendra.

Remarquons d'abord que les poulies 3 & 4 [*Fig.* 3], (dont les plans font partie de celui dans lequel ſont les grandes *poulies-roues* Y, Z), & celle 5 au montant C, ne ſont ni *poulies-roues* ni *poulies-pignons*, mais ſimplement poulies de renvoi des cordes, pour empêcher qu'elles ne gênent les fils de ſoie qui montent aux guindres, ou qu'elles ne ſe mêlent avec eux.

Remarquons en ſecond lieu que ſi la corde, qui, partant de la tige du Moulin, mene les deux grandes *poulies-roues* Y, Z, étoit poſée ſur la *poulie-roue* Y & ſa poulie de renvoi 3, de la même façon que ſur la *poulie-roue* Z & ſa poulie de renvoi 4 ; ces deux *poulies-roues* Y & Z tourneroient du même côté. L'inconvénient ne paroît pas conſidérable juſque-là ; mais ſuivons.

On eſt obligé, pour la facilité du ſervice du Moulin, & pour ne pas donner à étudier différentes poſitions de cordes à celui qui le ſoigne, de poſer uniformément ſur leurs poulies les quatre cordes particulieres des quatre guindres : or de cette poſition uniforme d'un côté, & de la rotation des deux poulies Y, Z dans le même ſens, de l'autre côté ; il arriveroit que les deux guindres les plus près de la *tige du Moulin* [*Fig.* 2], tourneroient d'un ſens, & les deux du derriere du Moulin, d'un autre ſens ; ceci ſeroit tout à la fois déſagréable & embarraſſant ; pour faire tourner tous les guindres du même ſens, & conſerver cependant à leurs cordes particulieres les poſitions uniformes ſur leurs poulies, il ſuffira de faire tourner à ſens contraire les deux *poulies-roues* Y & Z ; il ſera facile d'y parvenir en obſervant ce qui ſuit.

La corde partant de la fuſée 1 de la tige du Moulin [*Fig.* 3], ſera conduite au-deſſous de la poulie Y & dans ſa gorge ; delà par deſſus & dans la gorge de ſa poulie de renvoi 3 ; enſuite au-deſſus de la poulie de renvoi 4, & dans le vuide de ſa chappe ; delà au-deſſus & dans la gorge de la *poulie-roue* Z, delà au-deſſous & dans la gorge de la poulie du petit *chariot contre-poids* 6 ; enſuite (par la gorge du côté droit de la poulie Z) au-deſſus & dans la gorge de la poulie de renvoi 4 ; delà (par le vuide de la chappe de la poulie de renvoi 3) ſur le haut & dans la gorge de la poulie Y, pour aller delà ſe réunir à l'autre brin de la corde dans la fuſée 1, & ne former enſemble qu'une ſeule corde ſans fin.

Pour concevoir plus aiſément ce que je dirai de la marche des cordes particulieres des guindres, il faut jetter d'abord un coup d'œil ſur la Figure 8 ; on y verra la figure & poſition (du moins en partie) des deux guindres du devant du Moulin. On y verra en même-tems, au-deſſous de la *poulie-roue* V de chacun, un petit œuf de bois 7, percé comme un grain de chapelet, enfilé par une branche de fil de fer repliée de part & d'autre, & dont les extrémités, repliées encore, ſont fichées dans l'épaiſſeur de l'ais inférieur de la cage des guindres. Ce petit œuf eſt creuſé en poulie dans ſon milieu, pour recevoir la corde du guindre ; il eſt non-ſeulement mobile ſur la partie *a b* du fil de fer comme ſur ſon axe, mais encore le long de cette même partie *a b*. Il eſt là pour éviter tout frottement nuiſible à la corde dans ſa marche, & pour ſe prêter à ſa direction.

Les marches des cordes particulieres à chaque guindres, ſont toutes ſemblables ; il ſuffira d'expliquer une de ces marches ſur la Figure 3 à la droite ; mais j'avertis de ne pas confondre la corde du guindre de cette partie avec celle de ſon contre-poids, ni avec celle dont la marche a été décrite ci-deſſus.

REMARQUE.

La Figure déſigne ici une poſition de corde préciſément contraire à celle qu'elle doit avoir ; on va la décrire telle qu'elle doit être, & telle qu'elle paroît dans la Figure 8, où cette faute ne ſe rencontre pas.

Le brin de la corde qui ſort du derriere de la poulie V [*Fig.* 3] (*a*), eſt conduit par deſſous, & dans la gorge inférieure d'une *poulie-pignon* de la fuſée 2 ; delà ſur la poulie du petit chariot contre-poids 8 ; enſuite par deſſous & dans la gorge de l'œuf de bois 7 ; delà ſur le devant & dans la gorge de la poulie V, pour ſe réunir là à l'autre brin, & former avec lui la corde ſans fin.

J'obſerve que cette corde eſt un cordon de ſoie de trois quarts de ligne de diametre. Ce cordon eſt bien plus flexible & plus durable qu'une corde de chanvre.

La tenſion de ce cordon eſt entretenue toujours égale par le petit chariot contre-poids 8, qui joue comme couliſſe ou tiroir dans ſon canal pratiqué dans une traverſe de longueur, laquelle eſt parallele à l'autre traverſe P Q, qui eſt briſée pour laiſſer voir la premiere.

Ce petit chariot eſt tiré horizontalement vers la poulie fixe 9, par le poids 10, dont la corde, après avoir paſſé derriere & ſur la poulie 5, va paſſer par deſſus la poulie fixe 9, pour aller s'attacher au crochet du chariot 8.

Tels ſont les étages des fuſeaux & des guindres : le mouvement eſt communiqué à ces deux parties & à tout ce qui les accompagne par deux ſeules cordes & deux poulies, l'une M, l'autre 1, portées par la tige du Moulin.

(*a*) Et non (comme dans la Figure) celui qui ſort du devant de cette même poulie V.

Le pivot de cette tige de fer tourne dans une crapaudine de cuivre un peu plus grosse, mais semblable à celle qu'on a décrite pour les fuseaux en la note (*b*), pag. 31. Cette crapaudine est logée de sa hauteur dans le bois de la grosse vis qu'on remarque à cet endroit. Cette vis, qui sert à abaisser ou exhausser l'arbre au besoin, engrene dans le milieu d'une traverse large de deux pouces. Cette traverse est cachée dans la Figure 1.re par la poulie M, mais elle porte par ses extrémités chevillées en *a a* (même Fig. 1.re), sur l'étage inférieur des traverses de cette partie, de la même façon, à-peu-près, que la traverse W W [*Fig.* 2] porte sur l'étage supérieur de celles de la même partie. C'est dans le milieu de la longueur de cette traverse W W que tourne la partie tourillonnée & supérieure de la tige, & c'est par-là qu'elle est maintenue perpendiculairement.

Cette derniere traverse n'est point chevillée ni fixée à demeure sur les autres D F, C E; elle y tient seulement par ses extrémités, terminées en queue d'aronde, & au moyen de deux petites *vis de fer en bois*, épatées ou élargies par la tête pour pouvoir facilement les tourner, ôter la traverse au besoin & en dégager la tige.

Cette tige [*Fig.* 3], reçoit le mouvement par le rouet de la manivelle à seize dents, qui engrene avec sa lanterne à sept fuseaux. L'arbre de ce rouet est de fer; il porte, à l'extrémité opposée à celle de la manivelle, un tourillon qui tourne dans un petit canon de fer fixé au côté droit d'une traverse aussi de fer, laquelle n'est pas vue dans les Figures, mais qui porte par ses extrémités sur l'étage moyen des traverses de cette partie, de la même façon encore que la traverse W W [*Fig.* 2]; cet arbre est maintenu dans une situation horizontale par son collet ou gorge du côté de la manivelle [*Fig.* 3]. Ce collet est reçu dans une petite lunette de cuivre, à-peu-près de même que le collet du mandrin du Tourneur en en l'air, eſt reçu dans ſa lunette. Celle-ci eſt logée preſque de ſa hauteur dans l'épaiſſeur d'une traverſe qui ſe trouve, en cet endroit, entre les montans E, F [*Fig.* 1.re *&* 2]; on voit en 12 [*Fig.* 3], que l'épaiſſeur de cette traverſe déborde de ſept à huit lignes celle des mêmes montans E, F.

Je paſſe à l'explication d'une autre partie importante, nommée le *va-&-vient*; & avant de le décrire je dirai un mot ſur ſon uſage & ſon utilité.

ARTICLE III.

Deſcription du Va-&-vient.

Il eſt eſſentiel que les fils de ſoie ne montent pas (comme ils faiſoient dans l'ancien moulinage) toujours aux mêmes endroits des guindres. Les tours amoncelés à ces endroits y formeroient des eſpéces de priſmes triangulaires; enſorte que les derniers tours ſeroient bien plus grands que les premiers. Comme ils arriveroient cependant ſur les guindres avec la même vîteſſe que ces premiers, le tord, répandu ſur une plus grande longueur, y deviendroit moindre que ſur ces mêmes premiers; ainſi la ſoie ſeroit torſe inégalement. Outre cet inconvénient de l'inégalité du tord, il en eſt un autre; lorſque la ſoie en écheveaux paſſe à la teinture ou au luſtrage, on la tord fortement entre deux chevilles ou bâtons : ſi ces écheveaux ſont alors compoſés de tours inégaux, les plus grands ne recevront pas l'action du chevillage, tandis que les plus courts la recevront toute entiere & ſe caſſeront.

Ces inconvéniens font ajouter aux nouveaux Moulins à ſoie une machine particuliere qui ſe nomme le *va-&-vient*, qui donne le mouvement d'allée & venue aux tringles qui portent les boucles dans leſquelles ont fait paſſer les fils de ſoie avant de les conduire ſur les guindres. Ces tringles ſont appellées, à cauſe de cela, les *tringles des guides.* Le mouvement qu'elles reçoivent promene le fil de ſoie à différens endroits du guindre, enſorte qu'il s'y forme des écheveaux plus ou moins larges, ſuivant qu'il eſt déterminé par les proportions que les piéces particulieres du *va-&-vient* ont entre-elles.

Cette largeur d'écheveaux eſt ici déterminée à douze ou treize lignes: les guindres n'y ont pas leur *va-&-vient* particulier; c'eſt, pour ainſi dire, une ſeule piéce qui ſert à tous. Les deux tringles des guides *a b*, *c d* [*Fig.* 2], moyennant la traverſe *e f*, avec laquelle elles ſont aſſemblées à vis & écroues, forment une eſpéce de chariot mobile dans les entailles pratiquées aux conſoles *h h h h* de part & d'autre du moulin. On voit deux de ces conſoles en profil dans la Figure 8, & les vuides ou entailles *i* dans leſquelles jouent les tringles.

Dans le milieu de la traverſe *e f* ſe trouve une petite vis engrenée dans la traverſe même, à l'endroit *n*. On en voit [*Fig.* 3] le manche *k*. On voit en même tems qu'elle porte à ſon extrémité inférieure une pointe *n*, laquelle entre dans les portions de courbe qui ſont creuſées dans le cylindre *l m* placé ſous les guindres.

Cette pointe eſt un petit clou ſur lequel roule un petit cylindre creux de cuivre, comme feroit un grain de chapelet. Il eſt retenu en bas par la tête du clou. On conçoit que cette petite conſtruction facilite merveilleuſement le jeu de la pointe dans la courbe; puiſque c'eſt ce petit cylindre, mobile ſur le clou comme ſur ſon axe, qui appuie contre les côtés de la courbe.

Elle eſt compoſée, cette courbe, de deux demi-pas de vis, dont l'un va en montant, l'autre en deſcendant. Les deux demi-pas ſe raccordant à deux endroits; ſavoir, au haut & au bas du cylindre, forment un angle à chacun des points de leur raccordement: la pointe, ayant paffé fur le fommet de cet angle, tombe néceffairement dans l'autre demi-pas de vis qui la fait revenir fur fes pas; c'eft ce qui opere le mouvement d'allée & venue des tringles qui font corps avec elle.

Ce mouvement du *va-&-vient* eft très-uniforme, bien différent, en cela, de celui des *va-vient* menés par des manivelles, comme ils font prefque toujours. Ce mouvement eft imperceptible par la feule grande différence qui fe trouve entre les diametres des deux poulies qui le lui donnent.

Ces poulies font celle *o* & celle *q* [*Fi* 2]; celle *o* eft ouverte dans l'arbre même du guindre P; elle engrene, par un petit *cordon fans fin*, avec la poulie *q* enarbrée au cylindre, & le fait tourner fur fes tourillons de fer, portés par les piliers *r*, *s* [*Fig.* 3]. Un coup d'œil fur la Figure 9 fera comprendre ceci. *o* défigne l'endroit du montant où eft logé le tourillon du guindre, & en même-tems la poulie creufée dans fon arbre. *q* eft la poulie du cylindre, laquelle engrene avec la premiere par le cordon fans fin, afforti à l'ordinaire de fon petit chariot contre-poids T (*a*).

Je viens à l'explication d'une machine dont le Moulin eft encore afforti.

ARTICLE IV.

Du Compte-tours.

Au haut de la Figure 3 eft le cadran d'un petit rouage qui a affez l'air d'une pendule, & que je nomme *compte-tours.* L'aiguille du cadran ne fait qu'une révolution pendant que le guindre en fait deux mille quatre cent.

(*a*) Le Deffinateur a oublié de repréfenter à la droite du montant du milieu L (*Fig.* 3), le poids du petit chariot T (*Fig.* 9).

Par cette machine on pourra voir à chaque inftant combien de tours de foie feront montés fur le guindre ; mais elle n'eft pas faite fimplement pour fatisfaire cette curiofité.

On pourra, par fon moyen, compofer les écheveaux d'autant de tours qu'on voudra. Comme deux mille quatre cent tours ne leur donnent gueres (fur la largeur fixée à un pouce) qu'un quart de ligne d'épaiffeur, on pourra les fixer à ce nombre de tours : pour lors (ces tours étant égaux, foit en longueur, foit en nombre, dans chaque écheveau), le plus leger de deux écheveaux fera jugé, avec fûreté, être d'une foie plus fine que l'autre ; ainfi la comparaifon feule de leurs différens poids, fuffira pour faire fentir ce dont, avec les yeux les plus perçans, on ne pourroit s'appercevoir ; elle fuffira même pour marquer, avec précifion, les différens degrés de fineffe ou groffeur des foies différentes.

Voici tout le méchanifme de cette machine que l'on entendra facilement, quoique je n'en aie pas rapporté les deffeins.

Une corde fans fin, menée par une petite poulie ouverte dans l'arbre d'un guindre du devant du Moulin, (ainfi qu'on le voit au guindre de la droite de la Figure 3), mene un petit cylindre tournant fur fes tourillons, appuiés dans les deux planchettes qui forment la boëte de ce rouage. Elle le mene par une autre petite poulie ouverte dans le cylindre même. Cette derniere poulie eft d'un diametre parfaitement égal à celui de la premiere ouverte dans le guindre ; d'où il fuit que le petit cylindre fait précifément, & dans le même tems, autant de révolutions que le guindre même.

Ce petit cylindre porte une dent de fil de fer engrenant dans une roue qui en a dix, & dont il n'en paffe qu'une à chaque révolution du cylindre ou du guindre ; enforte que le dernier fait dix tours pendant un feul de cette premiere roue.

L'arbre de cette roue porte auſſi une dent qui engrene dans une roue de quinze, dont elle ne fait paſſer auſſi qu'une dent à chacune de ſes révolutions ; ce qui fait que le guindre fait cent cinquante tours pendant un ſeul de cette ſeconde roue. Enfin l'arbre de celle-ci porte auſſi une dent qui engrene dans la roue du cadran. Celle-ci porte l'aiguille & a ſeize dents, dont il ne paſſe encore qu'une à chaque révolution de la ſeconde roue ; ce qui fait que le guindre fait *dix multiplié par quinze*, *multiplié par ſeize*, c'eſt-à-dire, *deux mille quatre cent tours* pendant un ſeul de cette derniere roue, ou de l'aiguille qu'elle porte. Les dents de ces trois petites roues ſont coniques & placées dans les plans des roues.

Lorſque cette aiguille vient à marquer deux mille quatre cent tours, le marteau frappe un coup ſur le timbre ; enſorte qu'on eſt averti par les yeux & par les oreilles que l'écheveau eſt fini.

ARTICLE V.

Développement du ſyſtême du Moulin.

Pour ne pas diſtraire de l'examen des piéces qui conſtituent la machine, j'ai laiſſé à l'écart les proportions dans leſquelles ſont les diametres des poulies qui conſtituent les rouages des fuſeaux & des guindres, & qui réglent leurs tours contemporains : j'ai paſſé, en un mot, un peu légérement ſur le méchaniſme des fuſeaux & des guindres ; ceci eſt cependant la partie principale, ou pour mieux dire, la partie conſtitutive du Moulin. Le *va-&-vient*, le *compte-tours*, n'en ſont que les acceſſoires. La ſimple deſcription que j'ai donnée des premiers pourroit faire penſer que cette partie principale eſt comme tout ce que j'ai vu en ce genre, c'eſt-à-dire, fait au hazard ; il eſt bon d'y revenir.

Je ne crois pas pouvoir plus aiſément me faire entendre qu'en retraçant ſimplement, ſoit les principes d'où je ſuis parti, ſoit la route que j'ai tenue en conſéquence.

L'objet des Moulins à ſoie étant de la tordre & retordre, *ils* doivent avoir, & ont tous effectivement, une partie qui tord la ſoie; ce ſont les fuſeaux: ils doivent en avoir une autre deſtinée à la tirer & s'en charger au fur & à meſure qu'elle ſe tord; ce ſont les guindres.

En ſecond lieu la partie qui tord doit avoir une vîteſſe fortement accélérée ſur celle de la partie qui reçoit; enſorte que la vîteſſe de celle-ci ſoit retardée aſſez pour qu'elle ne reçoive la ſoie qu'après que la premiere lui aura donné le tord convenable (*a*).

Il ſuit évidemment, de ce que je viens de dire, que l'effet de la machine ou la vîteſſe de l'ouvrage, dépend de celle des fuſeaux; puiſque c'eſt à celle-ci que la vîteſſe des guindres doit ſe proportionner (*b*).

J'ai cru cependant devoir me borner là deſſus, c'eſt-à-dire, ſur cette vîteſſe des fuſeaux; ſoit pour ne pas être obligé d'augmenter la puiſſance motrice, ſoit pour ménager la machine. On ſait qu'en méchanique ce qu'on gagne en vîteſſe on le perd en force; & réciquement...... on ſait auſſi qu'une trop grande vîteſſe, imprimée aux piéces d'une machine, fait qu'elle ſe détraque bientôt.

J'ai donc fait le diametre de la grande poulie M [*Fig.* 3], qui

(*a*) Par exemple, ſuppoſons que le pourtour d'un guindre eſt d'un pied de longueur, ou qu'il enleve douze pouces de ſoie à chaque révolution; ſi l'on veut que l'effet du Moulin ſoit de donner vingt-cinq points de tord par pouce, il faudra faire enſorte que les fuſeaux faſſent douze fois vingt-cinq, c'eſt-à-dire, trois cent tours pendant un ſeul du guindre; ainſi les nombres des tours contemporains des fuſeaux & des guindres, feront dans le rapport de trois cent, à un.

(*b*) Il ne faut pas croire en effet que des grands guindres feront plus d'ouvrage que des petits: c'eſt l'erreur de ceux qui n'ont point examiné les choſes d'aſſez près. Si les guindres enlévent davantage de ſoie par chaque révolution, il faut que leur vîteſſe ſoit retardée à proportion, & par conſéquent que celle de l'ouvrage ſoit retardée auſſi: c'eſt donc, on le répéte, de la vîteſſe des fuſeaux que dépend celle de l'ouvage.

mene la corde des fuſeaux, ſeulement quinze fois auſſi grand que celui de la petite poulie fixée à l'axe de chaque fuſeau. Par-là, à chacun des tours de cette grande poulie, les fuſeaux en font quinze; & comme le rouet de la manivelle (qui, ainſi que je l'ai dit, a ſeize dents & engrene avec la lanterne à ſept fuſeaux que porte la tige du Moulin), fait faire à cette grande poulie deux tours & deux ſeptiémes pour un ſeul de cette manivelle, il arrive que les fuſeaux font trente-quatre tours à chaque révolution de cette même manivelle; or on peut, ſans la mener fort rapidement, lui faire faire quarante tours par minute; ainſi les fuſeaux feront au moins treize cent ſoixante tours par minute. Cette vîteſſe de l'ouvrage m'a paru ſuffiſante.

Cette partie réglée je ſuis venu à la ſeconde; elle eſt la principale des deux; avant tout j'ai remarqué, comme je l'ai dit précédemment, que de l'organſin aſſez beau, mais qui n'étoit pas le plus fin, n'avoit gueres reçu au ſecond apprêt que vingt-deux à vingt-trois points de tord par pouce de longueur de ſoie; au premier apprêt il m'a paru en avoir reçu encore moins.

Partant de là, j'ai regardé le tord de 22,5 points (*a*) par pouce comme celui qui conviendroit ordinairement, ou plutôt comme un tord moyen entre deux extrêmes dont je parlerai ci-après.

J'ai enſuite réglé le pourtour des guindres, c'eſt-à-dire, la longueur du fil de ſoie dont ils doivent ſe charger à chaque révolution; cette longueur eſt de douze pouces. Pour parvenir à répartir ſur cette longueur le tord moyen dont j'ai parlé; ſavoir, les 22,5 points de tord par pouce, il falloit faire enſorte que les fuſeaux

(*a*) Cette expreſſion 22,5 ſignifie vingt-deux cinq dixiémes; enſorte que le chiffre 5 qui eſt à la droite de la virgule eſt une fraction décimale, & l'on ſait que celui qui eſt le plus proche de la virgule marque des dixiémes; celui ſuivant, toujours vers la droite, marque des centiémes; le troiſiéme, des milliémes; le quatriéme, des dix milliémes, &c. enſorte qu'il n'y a que les chiffres qui ſont à la gauche de la virgule qui marquent des nombres entiers.

fiſſent douze fois 22,5 tours, c'eſt-à-dire, deux cent ſoixante-dix révolutions, pendant une ſeule du guindre. C'eſt à quoi je ſuis parvenu par deux ſimples paires de poulies menées chacune des paires par leur corde ſans fin; & par les rapports de 10 à 81, de 18 à 40, que j'ai mis entre les diametres de ces quatre poulies, dont les deux plus grandes repréſentent deux roues dentées, & les deux plus petites, les pignons qui y engreneroient. La *poulie-pignon*, de dix lignes de diametre, eſt la plus petite de la fuſée marquée 1 au haut de la tige [*Fig.* 3]; elle engrene avec les deux *poulies-roues* Y & Z, qui ont chacune 81 lignes de diametre.

La ſeconde *poulie-pignon*, de dix-huit lignes de diametre, eſt la poulie du milieu de la fuſée 2 qui engrene avec la *poulie-roue* V de quarante lignes de diametre (*a*).

Si les quatre poulies de 10, 81, 18 & 40 lignes de diametre fuſſent reſtées conſtamment les mêmes, le tord du moulin eut été, comme il l'eſt à bien d'autre, toujours le même. On n'eut gueres pu y mouliner qu'une eſpéce de ſoie; cependant la plus groſſe n'eſt pas ſuſceptible de 22,5 points de tord par pouce, & la plus fine peut en recevoir davantage.

Pour pouvoir varier les tords ſuivant les différentes eſpéces de ſoie, ou ſuivant les uſages différens auxquels on les deſtine, il m'a ſuffi de rendre variable une de ces quatre poulies; c'eſt celle marquée 2 [*Fig.* 3], & qui par un cordon de ſoie mene la poulie V enarbrée

(*a*) J'obſerverai que le diametre d'une poulie eſt augmenté par l'épaiſſeur de la corde qui l'embraſſe, & qu'il l'eſt encore ici par la rondeur de la corde qui l'empêche de pénétrer juſqu'au ſommet de l'angle aigu que forme la gorge de cette poulie, enſorte que le diametre d'une poulie eſt la ligne qui, paſſant par ſon centre, ſe termine, de part & d'autre, à l'axe de la corde qui l'embraſſe. On verra dans la troiſiéme Partie, Chap. I. Art. IV, la méthode de faire une poulie, de ſorte qu'avec la corde qui doit l'embraſſer, elle n'ait que le diametre qu'on veut lui donner.

enarbrée aux guindres. Cette fuſée eſt compoſée de *onze poulies* de différens diametres, pour donner *onze tords différens*, ſelon le diametre de la poulie dans laquelle on placera le cordon de ſoie: voici la compoſition ou conſtruction de cette fuſée.

La poulie qui eſt au milieu étant ſuppoſée de 18 lignes de diametre & donnant le tord moyen de 22,5 points par pouce, celle qui aura un diametre double de 18 lignes, ne donnera que la moitié du tord de 22,5, c'eſt-à-dire, que celui de 11,25 par pouce; & au contraire celle qui n'aura que la moitié de 18 lignes donnera un tord double, c'eſt-à-dire, celui de 45 points par pouce.

Ayant, avec la poulie moyenne de 18 lignes de diametre, ces deux poulies extrêmes, l'une de 36 lignes, l'autre de 9, auſſi de diametre; pour avoir les intermédiaires, j'ai pris, entre 18 & 36, quatre moyens proportionnels arithmétiques; & entre 18 & 9, quatre autres. J'ai fait les cinq poulies de part & d'autre de la moyenne, enſorte que leurs diametres ſont les termes des deux progreſſions arithmétiques dont je viens de parler, & j'ai rendu par-là cette fuſée propre à varier les tords & à en donner onze différens en deſcendant du fort au foible, c'eſt-à-dire, de 45 points par pouce à onze un quart.

REMARQUE.

On voit qu'il n'eſt pas bien difficile de déduire de tout ce que je viens de dire une méthode de compoſition d'un Moulin de l'eſpéce de celui-ci & de telle grandeur qu'on voudra; l'application de cette méthode à la conſtruction d'un Moulin à deux vargues & d'une grandeur moyenne, ſera l'objet de la troiſiéme Partie: les détails, ſoit de théorie, ſoit de pratique, qui ne ſeroient pas ſuffiſans ici, pour ceux qui voudroient en venir à l'exécution de ce Moulin à deux vargues, ſe trouveront là.

CHAPITRE II.

Usages du Moulin.

ARTICLE PREMIER.

Maniere de s'en servir pour donner le premier apprêt à la Soie destinée à être organsinée.

POUR donner le premier apprêt, on porte sur les fuseaux les bobines chargées de soie à un seul brin. On attache ensuite les fils des six bobines qui correspondent à chaque guindre, à une des lames de ce guindre, après cependant qu'on les a fait passer chacun dans les deux boucles de sa couronnelle & dans une de la tringle des guides.

2.° On place les cordons de soie, qui menent les guindres, chacun sur la poulie moyenne de la fusée 2 [*Fig.* 3], qui est au bas de chaque guindre. Les quatre cordons étant placés chacun sur la poulie du milieu de la fusée, toute la soie du Moulin recevra vingt-deux points & demi de tord par pouce. Si l'on veut qu'elle en reçoive un plus fort, on placera les cordons sur une poulie inférieure à la moyenne : si c'est un plus foible qu'on desire, on les placera sur une supérieure à cette même moyenne. Si l'on vouloit que la soie que doit recevoir un guindre, reçut un tord plus fort ou plus foible que celui de celle qui monteroit sur les autres guindres, on voit ce qu'il faudroit faire pour y parvenir, & que rien ne feroit si facile.

3.° On tourne l'aiguille du cadran du *compte-tours* comme l'on tourne l'aiguille d'une montre pour la mettre sur l'heure actuelle en la montant, c'eſt-à-dire, qu'on la tourne dans le ſens auquel ſon rouage la meut ; on la place ſur le point de 2400, enſuite on fait travailler le Moulin juſqu'à ce que l'aiguille ait fait un tour, & que le marteau ait frappé un coup ſur le timbre ; ceci marquera que les écheveaux qui ſe feront formés ſur les guindres, ſeront composés chacun de 2400 tours de ſoie.

ARTICLE II.

Préparer la Soie qui a reçu le premier apprêt à recevoir le ſecond.

On porte enſuite, & ſucceſſivement les guindres avec la ſoie dont il ſont chargés, ſur des eſpéces de poupées ou piliers montés ſur une planchette : un ou deux guindres placés ſur ces poupées, & y étant mobiles précisément de la même ſorte que lorſqu'ils ſont ſur le Moulin, on aſſemble les fils de deux ou trois écheveaux d'un même guindre, ſelon que l'on veut faire de l'organſin à deux ou trois *bouts* ; & l'on charge de ce fil double ou triple, une nouvelle bobine montée à l'ordinaire ſur le petit inſtrument nommé *eſcaladou*.

ARTICLE III.

Donner le ſecond apprêt.

On recommence à travailler de la ſoie au premier apprêt, juſqu'à ce qu'on ait environ trente bobines chargées ſuffiſamment de ſoie à fil double ou triple, qui ait reçu ce même premier apprêt: quand on les a, on les porte ſur les fuſeaux du Moulin, & le reſte ſe fait comme au premier apprêt ; à la différence cependant que, comme les fuſeaux doivent tourner à contre-ſens de ce qu'ils faiſoient au premier apprêt, 1.° les baſes des bobines qui étoient en haut à ce premier, doivent être en bas à celui-ci. 2.° Que la corde ſans fin des fuſeaux doit être décroiſée ſi elle étoit croiſée au premier apprêt ; & réciproquement......

On voit dans la Figure 3 que ce croifement ou décroifement fe fait, pour ainfi dire, d'un coup de main. On fouleve la tige du Moulin pour laiffer paffer la corde par deffous, la croifer ou décroifer, & la remplacer fur la poulie M.

ARTICLE IV.

Mouliner du poil de foie, faire de la trame, de la foie ovalée, &c.

Ce que je viens de dire me difpenfe de détailler ce qu'il faut faire pour mouliner fur cette machine ce que l'on nomme *poil de foie*, pour faire de la *trame*, & de la foie qu'on nomme *ovalée*; c'eft-à-dire, celle dont le fil qui garnit les bobines des fufeaux, eft compofé de fept à huit brins de foie, que l'on tord enfemble légérement.

J'obferverai feulement que, comme à quelqu'unes de ces efpéces de foie, le tord le plus leger du moulin, celui de onze un quart par pouce, feroit peut-être encore trop fort; pour l'amoindrir, au-lieu d'une fimple poulie de 10 lignes de diametre à la tige du Moulin, j'y ai mis une fufée compofée de trois poulies; une de 10 lignes, une de 15 & une de 20 lignes; & l'on conçoit qu'en plaçant la corde des guindres, qui va à cette tige, fur une de ces deux dernieres poulies, le tord, quelqu'il foit d'ailleurs, fera diminué fortement: il ne fera plus que les deux tiers de ce qu'il étoit, fi l'on place cette corde fur la poulie de 15 lignes; il n'en fera plus que la moitié, fi on la met fur celle de 20 lignes.

CHAPITRE III.

La résolution du problême qu'on s'étoit proposé, se déduit du systême de la composition & construction du Moulin.

De ces détails sur la machine & du systême de sa composition, se déduira, sans beaucoup de difficulté, la solution du problême que je m'étois proposé (*a*).

Il étoit de composer une machine qui pût tenir lieu des deux dont on s'est servi jusqu'à présent pour l'organsinage. 2.° De faire ensorte cependant qu'elle fut aussi simple & moins dispendieuse encore qu'une des deux. 3.° Qu'elle fut exempte des défauts qu'on leur reproche. 4.° Qu'elle eut même sur elles quelques avantages.

ARTICLE PREMIER.

Ce Moulin peut servir seul à organsiner.

J'OBSERVERAI d'abord que la résolution de la premiere partie de ce problême est une conséquence évidente de ce qui vient d'être dit au Chapitre précédent; en effet j'y ai désigné la façon de se servir de ce Moulin pour donner le premier & le second apprêt de l'organsin, pour faire de la trame, &c. Il peut donc servir seul à organsiner; il peut servir seul à toutes les opérations du tord de la soie.

(*a*) Voyez le Discours préliminaire.

ARTICLE II.

La Machine eſt moins diſpendieuſe que l'une des deux dont on s'eſt ſervi.

LA réſolution de la ſeconde partie ſe préſentera d'elle-même à ceux qui voudront bien faire attention qu'en mettant à part les *va-&-vient* & *compte-tours* (machines particulieres auſſi peu diſpendieuſes qu'elles peuvent être, quoique régulieres), le rouage de la machine conſiſte en trois paires de poulies ; ſavoir, une paire pour les fuſeaux & deux pour les guindres.

Lorſqu'il s'agira de l'exécuter en grand, il faudra, à la vérité, une paire de poulies de plus, comme on le dira dans la ſuite ; mais qu'eſt-ce que la dépenſe de toutes ces poulies menées par des cordes ſans fin, aſſorties de contre-poids, en comparaiſon d'une machine dont le rouage conſiſteroit en roues dentées ; & en roues dentées encore, aſſez parfaites pour ſe conduire les unes & les autres auſſi uniformément que les poulies ſe conduiſent ici par de petites cordes ſans fin ? Celles-ci ſont l'ouvrage, toujours à bon compte, du ſimple Tourneur qui ſe trouve par-tout ; celles-là, ſi elles étoient telles qu'on vient de le dire, elles ſeroient celui de l'Horloger, ou du Tourneur très-inſtruit & bon Méchanicien.

Oppoſeroit-on à cette eſpéce d'engrenage de deux ou de pluſieurs poulies par une corde, & que j'emploie ici, quoiqu'il ne paroiſſe pas qu'on ait penſé à en faire uſage, du moins dans les Moulins à ſoie, lui oppoſeroit-on, dis-je, l'inconvénient des variations des cordes, ſuivant celles de la ſéchereſſe ou de l'humidité de l'atmoſphere ? Il eſt vrai que ceci l'empêcheroit probablement d'être d'uſage dans des machines deſtinées à ſervir aux opérations aſtronomiques, & à marquer le tems avec la plus grande préciſion ; mais il s'agit ici d'une machine de filature : Eh ! si les variations de l'atmosphere, se faisant sentir aux petites cordes d'un Moulin à soie, venoient à occasionner, sur le fil de l'après-midi, un point de tord, peut-être, de plus par toise que sur celui du matin ; y auroit-il à crier à l'inconvénient ? Le Manufacturier le plus difficile, avec les yeux les plus perçans & le meilleur même des microscopes, s'en appercevroit-il ? Quand il seroit possible qu'il le fit, croiroit-il que cela put mériter son attention ? Les bandes de cuir aux straffins des Moulins de Piémont sont assurément sujettes aussi aux variations de l'atmosphere ; il ne s'agit pas-là d'un point ou deux de plus ou moins par toise de fil : les straffins qui font en tout tems pirouetter les fuseaux inégalement, qui font faire à l'un cent tours pendant que l'autre qui est à côté n'en fait, peut-être, pas cinquante ; les feront-ils tourner également lorsque l'atmosphere variera en sécheresse ou humidité ? Cependant rien de tout cela, on le sait, n'a empêché nos Manufacturiers de rechercher & de payer bien cher l'organsin de Piémont.

Cette minutie d'un point ou deux de tord de plus ou moins par toise, & dont l'on suppose peut-être encore mal-à-propos l'existence, puisque la tension de la corde entretenue toujours égale par une puissance constante, par le contre-poids, s'oppose probablement à cette même existence & la rend imaginaire ; cette minutie, dis-je, peut-elle être mise dans la balance avec l'utilité dont est ici l'engrenage des poulies par des cordes sans fin, avec l'utilité dont il a été pour l'exécution très-réguliere, & cependant à si peu de frais, d'une machine dont le haut prix seul pouvoit faire perdre de vue, pouvoit anéantir un établissement avantageux à une Province (*a*) ? Pourroit-elle enfin être mise en parallele avec les avantages que je

(*a*) Voyez le Discours préliminaire.

trouve à cet engrenage ſur celui des roues dentées? Pour perſuader de la négative, qu'il me ſoit permis d'en rappeller ici quelques-uns.

Il m'a paru, 1.° convenir à une machine de filature, & très-propre à en mener les piéces qui doivent-être legeres, & avoir par-là de l'analogie avec la matiere même qui y eſt à travailler. 2.° Il produira ſes effets auſſi exactement que l'engrenage ordinaire, lorſque l'ouvrier aura eu l'attention, en travaillant les poulies, de les faire des dimenſions & proportions convenables, & lorſqu'il aura eu celle particuliere de les ouvrir toutes avec le même outil (*a*). 3.° Il eſt infiniment plus doux que l'engrenage des roues dentées, & il n'y a pas-là d'arboutemens, ni de mouvemens par ſecouſſes comme on voit aux Moulins à ſoie ordinaires. Ce mouvement y eſt au contraire très-uniforme; il ſe communique ſans frottement & par le ſimple attouchement de la corde; enſorte qu'il eſt, peu s'en faut, l'engrenage à dents infiniment petites (*b*), qui ſert de terme de comparaiſon & de principe à M. Le Camus dans ſa Statique, pour la meilleure figure à donner aux dents des roues. 4.° Il donne la facilité de faire engrener deux piéces l'une avec l'autre, à quelque diſtance qu'elles ſoient l'une de l'autre, & dans quelque ſituation qu'elles ſe trouvent l'une à l'égard de l'autre. 5.° Il diſpenſe du déplacement ou remplacement de pignons pour changer l'effet de la machine: des poulies ouvertes ſur un même morceau de bois, de tels diametres qu'on voudra,

---

(*a*) La façon de travailler ces poulies ſera l'objet de l'Art. IV. Chap. I. de la troiſiéme Partie.

(*b*) Il n'y a que la réſiſtance des cordes à ſe courber qui puiſſe l'empêcher d'être regardé comme l'engrenage à dents infiniment petites; or il faut que cette réſiſtance ſoit bien peu de choſe à l'égard du Moulin dont il s'agit, puiſque cette même réſiſtance, jointe à toutes les autres & à tout ce qui peut occaſionner des frottemens dans la machine, n'empêche pas qu'une force, de trois livres au plus, ne la mette en mouvement. Le Moulin s'agrandiſſant, cette réſiſtance des cordes à ſe courber, loin d'augmenter, diminuera; car la courbure des arcs, ſuivant leſquels elles embraſſeront leurs poulies, ſera preſque d'autant moindre que le diametre du Moulin ſera plus grand.

voudra, & en auſſi grand nombre qu'il plaira de les avoir, tiendront lieu chacune d'autant de pignons différens qui ſeroient, tous & toujours, montés ſur la machine, ſans l'embarraſſer.

Je paſſe à la troiſiéme partie de ce problême.

ARTICLE III.

Le Moulin eſt exempt des défauts reprochés aux anciens.

Quoiqu'il ſoit deſtiné à ſervir aux deux apprêts des ſoies, il n'a cependant gueres d'analogie avec celui monté de fuſeaux & de bobines, qui eſt celui du premier apprêt. Cet article a ſon importance; puiſque par-là j'ai évité les inconvéniens & imperfections de cet ancien Moulin.

Il a plus de reſſemblance avec ceux qui ſont garnis de fuſeaux & de guindres, & qui ſervent au ſecond apprêt; voyons s'il en a les défauts.

Parmi les défauts de ces ſeconds Moulins (*a*), on en diſtingue quatre; le premier, eſt d'avoir les pivots de leurs fuſeaux tournans dans des crapaudines de verre, & leurs collets dans des eſpéces de fourchettes de bois. Le verre s'uſe & ſe briſe en petits éclats, qui donnent bientôt un autre centre aux pivots; les changemens auxquels le bois eſt aſſujetti, font que les fuſeaux ne ſe maintiennent pas long-tems dans leur à-plomb.

Le ſecond inconvénient vient de la courroie large qui embraſſe les fuſeaux par le bas, & leur donne le mouvement; elle n'appuie pas également ſur tous, elle les fait par conſéquent tourner inégalement; l'inégalité du tord de la ſoie en eſt une ſuite néceſſaire.

(*a*) Voyez le Mémoire, cité pluſieurs fois, de M. de Vaucanſon.

Le troisiéme vient de la boucle immuable par laquelle le fil est conduit sur le guindre, ensorte qu'il s'y amasse toujours au même endroit. Avant la description du *va-&-vient*, j'ai parlé des mauvais effets qui résultoient de là ; je n'en répéterai rien ici (*a*).

Enfin le quatriéme vient de qu'on nomme la *capieure* ; je dirai une seconde fois ce que c'est. Lorsque l'ouvrier juge que les écheveaux sont assez gros, il casse les fils, les lie autour, & fait ensuite glisser de force ces mêmes écheveaux sur les endroits vuides du guindre, pour faire place aux autres qui vont se former, & qui ne peuvent se placer que vis-à-vis les boucles immuables, & aux mêmes endroits que les autres occupoient. Ces écheveaux ne peuvent ainsi se transporter que bien des fils n'en souffrent, que plusieurs ne se déchirent, ne se cassent ; voilà les défauts reprochés aux anciens Moulins ; voyons celui-ci.

D'abord, comme on l'a vu dans la description, les fuseaux ne tournent pas dans des crapaudines de verre, ni leurs collets sur le bois ; ils ont leur centre exactement sur une même circonférence, & ils y sont maintenus perpendiculairement par leurs pivots tournans dans des crapaudines de cuivre, & par leurs collets reçus dans des lunettes aussi de cuivre ; les uns sont aux autres exactement assortis par le Tourneur ; ainsi le premier des quatre défauts n'y paroît pas.

2.° Ce n'est point une courroie large qui leur donne le mouvement, c'est une simple corde, qui entre dans la poulie fixée à l'axe de chacun des fuseaux. Ces poulies sont toutes exactement du même diametre, & leurs gorges forment chacune le même angle aigu ; ensorte que la corde, qui entre dans toutes à égale profondeur, & qui les embrasse suivant un arc constant, nécessite tous les fuseaux à

(*a*) Voyez la page 41 ci-dessus.

suivre exactement son mouvement, & à faire les mêmes nombres de révolutions dans des tems égaux.

3.° Les boucles des tringles des guides ne sont point ici immobiles; aussi les écheveaux ont de la largeur: elle est de douze à treize lignes. Cette largeur leur est donnée par le *va-&-vient* dont on a donné la description; & sur cette largeur, l'épaisseur de l'écheveau, composé même de deux mille quatre cent tours de soie, est au plus d'un quart de ligne. On pense bien que ce quart de ligne est trop peu de chose pour pouvoir nuire à l'égalité du tord de la soie.

4.° Enfin tous les écheveaux, dont un guindre peut se garnir, se forment à la fois, puisque chacun des fuseaux ayant formé & fourni sur le guindre son écheveau, de la largeur qui vient d'être dite, il ne reste plus entre-eux de terrein vuide pour en placer d'autres: il ne reste que celui qu'il faut pour passer les doigts, lier les écheveaux & les ôter du guindre. Il n'y a donc pas de capieure à faire, c'est-à-dire, de translation, violente & nuisible, de l'écheveau d'un endroit du guindre à l'autre. Ceci est une suite d'un des avantages de ce Moulin sur les autres, desquels avantages il va être question.

ARTICLE IV.

Quelques avantages de ce Moulin sur les anciens.

SON premier est de servir seul à tous les apprêts des soies.

Il est à présumer que ce point sera de quelque considération, du moins dans les parties où l'on commence à faire quelques récoltes de soie, & où communément on aime d'être dispensé de la dépense & de l'embarras de plusieurs machines: d'ailleurs la simplicité en méchanique eſt toujours quelque choſe : cet objet devient conſidérable lors qu'il ménage la bourſe du cultivateur.

Le ſecond avantage vient de ce que le rang des fuſeaux en comprend préciſément le double de ce qu'il s'en trouve ordinairement. On ſait que communément on les place à ſix pouces les uns des autres ; or une diminution conſidérable, apportée à la groſſeur & peſanteur inutiles des anciennes bobines, a donné la facilité de les mettre ſeulement à trois pouces. Indépendemment des *capieures*, dont on eſt diſpenſé par-là, ainſi qu'il vient d'être remarqué, il eſt évident que ſi cela n'étoit pas, chaque rang de fuſeaux exigeant ſon étage de guindres, il faudroit ici deux rangs de fuſeaux & deux de guindres, alternativement les uns au-deſſus des autres ; ainſi la machine, pour produire uniquement le même effet, ſeroit double en hauteur, en conſtruction & en dépenſe. Ajoutez à cela qu'il faudroit augmenter la puiſſance motrice ; & que les objets d'attention de la perſonne qui ſoigne le Moulin, ſeroient doublés : voici le troiſiéme avantage.

Un bon Auteur aſſure qu'aux autres Moulins il faut changer *ſoixante-douze pignons* pour changer l'apprêt, & tordre plus ou moins la ſoie : ici il n'y a aucune piéce à changer ni à remplacer ; il n'y en a même aucune de réſerve. Si l'on jette un coup d'œil ſur la Figure 8, on verra qu'il n'eſt queſtion que de paſſer le cordon de chaque guindre dans une autre poulie de la fuſée ; ſavoir, dans une plus petite, ſi l'on veut augmenter le tord ; dans une plus grande, ſi l'on veut le diminuer : la facilité & la promptitude de cette opération ſont ſenſibles.

J'ai appris que dans quelques endroits on étoit dans l'uſage de préſenter, à la vapeur de l'eau bouillante, les bobines chargées de ſoie qui a reçu le premier apprêt ; cela ſe fait ſans doute dans la vue de fixer le tord. Si cet usage étoit essentiel (ce que je n'assurerai pas), il me feroit trouver un quatriéme avantage au Moulin dont il s'agit, sur les autres ; car, à ces derniers, la soie qui se tord est toujours reçue sur des bobines au premier apprêt ; or il est bien difficile, pour ne pas dire impossible, que la vapeur de l'eau pénétre jusqu'à la soie qui touche le bois d'une bobine massive, telles qu'elles sont toutes. Si elle y pénétre (ce qu'on aura sans doute très-grande peine à croire), elle le fait inégalement, c'est-à-dire, que la surface extérieure de la bobine sera noyée, avant que l'intérieur puisse participer un peu à cette humidité : au contraire la soie du premier apprêt, montant ici sur des guindres, & ces guindres étant à jour, la vapeur frappera tout à la fois, de toute part & sur toutes les faces, les échevaux dont ils seront chargés.

ARTICLE V.

Réponse à une objection faite sur la forme quarrée des guindres.

Pour ne pas être accusé de ne montrer les choses que par les beaux côtés, & de cacher ou dissimuler les autres, je rapporterai ici une objection qui m'a été faite contre la forme quarrée des guindres. On a prétendu que pour être plus parfaits ils devoient être cylindriques. Il est évident que cette objection ne regarde pas plus le Moulin dont il s'agit, que tous ceux du second apprêt qui ont existé, & qui existent encore à présent : on sait qu'ils sont tous montés de fuseaux, & de guindres faits en forme de chevalets, à-peu-près comme ceux de celui-ci ; la réponse leur sera donc commune. J'observerai que l'objection mérite d'autant plus d'être approfondie qu'elle m'a été faite par un habile homme ; la voici.

Les guindres sont, me disoit-il, tous plus ou moins longs, plus ou moins larges, les uns que les autres dans les différens Moulins ; mais ils ſont tous compoſés de quatres lames, ce qui donne néceſſairement la forme quarrée aux écheveaux qu'ils reçoivent. Il ſuit de cette forme, qu'encore que les guindres ſe meuvent circulairement, ce qu'ils reçoivent, à chaque révolution, n'eſt pas un brin de ſoie égal à la circonférence du cercle que les lames décrivent ; mais il eſt égal à la ſomme des côtés du quarré, dont les lames du guindre forment les angles ; ainſi ce quarré eſt inſcrit au cercle décrit par les lames. J'approuve donc continuoit-il, votre méthode de faire mouvoir les guindres, auſſi bien que le reſtant de votre Moulin, par des cordes ſans fin ; indépendamment de ce que rien n'eſt ſi ſimple, rien n'eſt ſi propre encore à procurer à ces guindres un mouvement uniforme, & à faire diſparoître ce mouvement, par ſecouſſes, qu'on voit à tous les autres, parce qu'ils ſont mus par des roues dentées très-imparfaites.

Malgré cela, pendant que vos guindres tournent uniformément, ils ne tirent pas la ſoie uniformément : elle eſt tirée par la lame du guindre, qui, en montant, rencontre le fil, ou ſi l'on veut (& en ſuppoſant le guindre coupé à l'endroit d'un écheveau par un plan perpendiculaire à ſon axe), le fil eſt tiré ſucceſſivement par les angles d'une eſpéce de plan quarré mobile, & tournant uniformément ſur ſon centre ; ce que chacun de ces angles en tire ſe range ſur un des côtés du quarré, & devient égal à ce même côté.

Cela poſé, il eſt certain que la lame qui commencera à tirer le fil, en tirera davantage qu'elle ne fera dans les inſtans ſuivans, & que ce tirage ira toujours en décroiſſant, juſqu'à ce que la lame, ou le ſecond angle commencera à tirer ; pour lors celui-ci en tirera plus auſſi au commencement que dans les inſtans ſuivans ; ainſi de ſuite.

La conſéquence de ceci eſt, qu'encore que les fuſeaux faſſent un même nombre de tours dans le même tems, les guindres, dans ce même tems, ne tirent pas des parties égales de fil : cela n'opere-t-il pas une inégalité de tord ?

Rép. Pour ſentir toute la valeur de l'objection, examinons de près ce qui ſe fait, & voyons ſi de cet examen il nous ſera poſſible de déduire une réponſe ſatisfaiſante.

Lorſqu'une lame du guindre, en tournant, devient horizontale, elle touche le fil de ſoie en un point. En montant elle le tire par ce point; & elle le tire juſqu'à ce qu'elle ait décrit un quart de circonférence : pour lors une autre lame ſurvient qui le tire par un autre point : dans ce moment même la partie de ſoie, tirée par la premiere lame, ſe couche ſur le guindre, & devient un des côtés du quarré inſcrit au cercle, dont les lames du guindre décrivent la circonférence. Suppoſons que ce côté du quarré ſoit de trois pouces de longueur, comme il eſt au Moulin dont il s'agit, où les guindres ont douze pouces de pourtour, & revenons ſur nos pas.

Lorſque la premiere lame décrit ſon quart de circonférence, elle ne touche le fil qu'en un point, par lequel elle le tire; toutes les autres parties du fil, pendant qu'elle tire, reſtent en l'air, & ne touchent à rien ; enſorte que ſi l'on fait bien attention à ce qui ſe fait là, on remarquera que dans le tems que la lame a décrit un petit arc de ſon cercle, elle a tiré du fuſeau un fil égal en longueur à la corde de cet arc. Cette partie qu'elle a tirée, & qui eſt égale à la corde de l'arc qu'elle a décrit, augmente de longueur à fur & à meſure que l'arc, décrit par la lame, augmente de grandeur; enſorte que, pendant le mouvement, le fil tiré devient toujours égal à la corde de l'arc qu'a décrit la lame, & cela juſqu'à ce que l'arc étant devenu un quart de circonférence, la corde eſt devenue celle de l'arc de 90 degrés, c'eſt-à-dire, le côté du quarré inſcrit au cercle dont la lame vient de décrire le quart de circonférence; pour lors trois pouces de ſoie ſe couchent ſur le guindre.

Comme les cordes des arcs ne ſont pas proportionnelles à leurs arcs, mais ſeulement aux ſinus des moitiés des arcs dont elles ſont les cordes; comme, d'un autre côté, les ſinus des arcs croiſſent & décroiſſent dans un moindre rapport que leurs arcs (*a*); il s'enſuit que la lame du guindre, qui a tiré des parties de ſoie proportionnelles aux ſinus des moitiés des arcs qu'elle a décrits, ne les a pas tirées uniformément; c'eſt-à-dire n'en a pas tiré des parties égales en tems égaux. Il ſuit au contraire que des trois pouces qu'elle a tirés pendant la deſcription du quart de circonférence, elle en a tiré plus au premier inſtant qu'au ſecond; & plus encore au ſecond qu'au troiſiéme.

Auſſi par un calcul fondé ſur cette théorie, & en diviſant le quart de circonférence ci-deſſus en trois arcs égaux de trente degrés chacun, j'ai trouvé qu'après la deſcription du premier arc, la partie de ſoie tirée étoit d'environ 13,2 lignes; qu'après celle du ſecond, la partie tirée étoit de 25,6 lignes; & qu'enfin, après celle du troiſiéme, elle étoit de trois pouces; enſorte qu'en examinant ce que la lame a tiré en particulier pendant chacun de ces trois tems égaux, il ſe trouve que, pendant le premier, elle a tiré 13,2 lignes; pendant le ſecond, 12,4 lignes; & pendant le troiſiéme, 10,4 lignes: c'eſt quatre cinquiémes de lignes de plus dans le premier que dans le ſecond; & deux lignes de plus dans le ſecond que dans le troiſiéme.

Maintenant pour voir ſi cette inégalité, du tirage de la ſoie par la lame, nuit à l'égalité de tord ſur les trois pouces qu'elle a tirés; faiſons réflexion que ce n'eſt point dans un ſeul inſtant, & à la fois,

---

(*a*) Voyez les Elémens de Géométrie de M. Le Camus, N.° 536.

fois, que la lame a tiré, par exemple, quatre cinquiémes de ligne de plus en décrivant le premier arc, qu'en décrivant le second; ces quatre cinquiémes se divisent & se répartissent (toujours inégalement, à la vérité, & suivant les décroissemens successifs dont j'ai parlé), à tous les instans égaux employés à décrire le premier arc de 30 degrés.

Il en a été de même des deux lignes qu'elle a tirées de plus, pendant la description du second arc de 30 degrés, que pendant celle du troisiéme.

Faisons réflexion, en second lieu, que pendant tout le tirage des trois pouces de soie, la lame ne tiroit le fil que par un point, & que toutes les autres parties du fil étoient libres, en l'air, & ne touchoient à rien. Comparons à ces deux articles la rapidité & la force avec lesquelles le tord se communique dans les parties même extrêmes, & les plus hautes du fil, lorsque rien ne l'en empêche; nous conclurons sûrement de cette comparaison, que les petites inégalités du tirage de la soie laissée libre & en l'air, n'ont pas été capables d'empêcher le tord de se répandre uniformément. Nous en conclurons que la seconde partie, par exemple, tirée pendant le second instant, a eu tout le tems de rendre à la premiere, la portion de tord qu'elle avoit de surplus, & qui appartenoit à cette premiere; ainsi de la troisiéme à la seconde, puisque rien ne l'en a empêché : je veux dire que rien n'a empêché que le nombre fixe de révolutions qu'a fait le fuseau pendant chaque tirage de trois pouces de soie par le guindre, ne se répandit uniformément sur ces trois pouces, cela est évident; il s'y est donc répandu uniformément; ainsi le guindre quarré ou à quatre lames, ne nuit pas à l'égalité du tord de la soie.

Il suit de là qu'il mérite la préférence sur le guindre qui seroit cylindrique; car il eſt plus aiſé à conſtruire que ce dernier: il eſt d'ailleurs plus commode & ſe prête plus aiſément, que le cylindrique, aux opérations manuelles qui doivent accompagner & ſuivre le moulinage de la ſoie.

Fin de la ſeconde Partie.

TROISIÉME PARTIE.

EXÉCUTION DÉTAILLÉE ET RAISONNÉE DU MOULIN EN GRAND.

CHAPITRE PREMIER.

Syſtême de grandeur du Moulin, calcul des diametres des poulies qui lui conviennent, maniere de conſtruire ces poulies enſorte qu'avec les cordes qui doivent les mener, elle n'aient que les diametres qu'elles doivent avoir.

Introduction.

JE n'entends pas par exécution du Moulin en grand, la conſtruction d'une ſeule grande machine à vargues extrêmement larges, & multipliés les uns ſur les autres. La tour haute & large qu'il faudroit pour loger une telle machine, les eſcaliers & les trotoirs à établir, pour la ſoigner, ſeroient d'une grande dépenſe; & d'ailleurs, lorſque quelques parties viendroient à être dérangées au point de ne pouvoir être rétablies ſans arrêter le Moulin, le chommage, ſans être long, occaſionneroit des retards d'ouvrage, & des pertes qui deviendroient d'autant plus conſidérables, que la machine étant en mouvement, devroit produire plus d'effet.

J'aimerois mieux, ſoit pour la facilité du travail, ſoit pour ne pas faire des pertes ſi conſidérables de tems & d'ouvrages, avoir pluſieurs machines d'un volume moyen, qui fiſſent enſemble l'effet de la grande, que d'avoir la grande ſeule. Au moyen de mes cordes ſans fin & des poulies qui tiennent lieu de rouage, on conçoit que je ne ſerois pas en peine, par une ſeule tige mue par l'eau ou autrement, de mettre en mouvement vingt ou trente Moulins de cette eſpéce. Ils pourroient être rangés à volonté, au rez-de-chauſſée & à l'étage d'un bâtiment voiſin de la tige principale ; le mouvement communiqué par des cordes ſans fin, auſſi longues & auſſi courtes que l'on voudroit, donneroit à cet égard des facilités que l'on n'auroit pas par des rouages ordinaires. On auroit entr'autres celle de pouvoir arrêter à l'inſtant celui des Moulins auquel il y auroit quelque choſe à rétablir, & cela ſans que le mouvement d'aucun des autres en fût arrêté ou retardé. Il ne s'agiroit pour cela que d'ôter la corde, qui lui communiqueroit le mouvement, de deſſus la poulie du petit chariot qui feroit contre-poids à cette corde ; en la remettant ſur la même poulie, on lui rendroit le mouvement à l'inſtant (*a*).

Ceci (trop clair pour ne pas être entendu de tout le monde), une fois poſé, je dirai qu'encore qu'il ſorte de ce que j'ai détaillé dans la ſeconde Partie, une méthode pour compoſer un Moulin de tel volume que l'on voudra, je n'en ferai cependant l'application qu'à un d'une grandeur moyenne, & tel, à-peu-près, que pourroit être chacun des vingt ou trente dont je viens de parler ; je paſſe au détail.

(*a*) Le plateau inférieur de la lanterne, (à la tige du Moulin *Fig.* 3), qui eſt fait en poulie marquée 14, eſt un exemple de ceci. Pendant tout l'Automne de 1765, ce petit Moulin étoit placé à côté d'un grand : la tige de celui-ci portoit une poulie, qui, engrenant avec cette poulie 14, par une corde ſans fin aſſortie de ſon contre-poids, lui communiquoit le mouvement : & l'on ne ſe ſervoit de la manivelle de celui-ci, que pour toujours y faire de l'ouvrage, pendant que le grand étoit arrêté.

ARTICLE PREMIER.

Systême de grandeur du Moulin.

I. Si l'on régle ce que j'ai appellé *la roue ou la cage des fuseaux*, à *six pieds six pouces* de diametre, pour mettre les fuseaux sur une circonférence de *six pieds quatre pouces*, aussi de diametre; ils pourront y être à trois pouces les uns des autres, au nombre de *soixante-seize* (*a*). Si l'on donne à ce Moulin *sept pieds & demi* de hauteur, il poura être composé de deux vargues, lesquels seront soignés presque de plein-pied, en tout cas avec une marchette portative : il se fera sur les deux vargues le double de *soixante-seize*, c'est-à-dire, *cent cinquante-deux écheveaux* à la fois. Il s'en formera conséquemment *dix-neuf* sur chaque guindre, puisque les guindres seront, comme au Moulin décrit ci-dessus, au nombre de quatre dans chacun des vargues.

II. Il est à observer que la manivelle de ce Moulin ne pourra pas être menée avec la même rapidité que celle du petit que l'on a décrit ; ainsi aulieu de faire faire seulement quinze tours aux fuseaux, pendant un de la tige, comme à ce petit, on pourra leur en faire faire vingt-quatre; ensorte que le diametre de la poulie M [*Fig.* 3], sera *vingt-quatre fois* aussi grand que celui de la petite poulie fixée à l'axe de chacun des fuseaux.

III. Fixons à trente pouces le pourtour des guindres ; j'observe pour parvenir à les avoir de ce pourtour, que l'écheveau sur le guindre forme un quarré, la somme des côtés duquel quarré, est

---

(*a*) Ils pourroient, à la rigueur, y être au nombre de 79; mais 1.° il faut que les fuseaux soient en nombre pair dans chaque rang. 2.° Il faut au moins la place d'un fuseau, pour placer en devant du chassis, les deux roulettes N N (*Fig.* 1 & 3). 3.° Il faut aussi qu'il y ait six à sept pouces de distance entre les deux fuseaux de derriere ; savoir, ceux entre lesquels se trouve le plan de la poulie Z (*Fig.* 3).

avec sa diagonale, à-peu-près, comme 48 est à 17; ainsi la diagonale du guindre à construire, (c'est-à-dire la distance entre les arêtes extérieures de deux lames opposées), sera de *dix pouces sept lignes & demie*, puisque cette quantité est le quatriéme terme d'une proportion dont les trois premiers sont 48, 17 & 30 (*a*).

ARTICLE II.

Détermination par le calcul des diametres des poulies qui conviennent à ce Moulin.

I. POUR en venir à la composition du rouage des guindres, je considere le tord de vingt-quatre points, sur un pouce de longueur de soie, comme un tord ordinaire, & celui que l'on donne communément à la soie: celui de quarante-huit points par pouce, sera conséquemment le tord le plus fort; & celui de douze, sera le tord foible (*b*): cela posé, il faut remarquer que pour donner le tord le plus fort de quarante-huit points par pouce, sur une longueur de trente pouces, qui fait celle du pourtour du guindre, il est nécessaire, 1.° que les fuseaux fassent quarante-huit multiplié par trente, c'est-à-dire, 1440 révolutions, pendant une seule du guindre. 2.° Que l'arbre vertical ou la *tige du Moulin*, fasse soixante tours, pendant un seul aussi du guindre; car, (comme je l'ai dit au N.° II de l'article précédent), les fuseaux doivent faire vingt-quatre tours pendant un seul de cette tige; & 1440, divisé par 24, a pour quotient 60.

II. Avant d'en venir au calcul des diametres des *poulies-roues* & de leurs *poulies-pignons*, propres à produire les effets ci-dessus, & à retarder la vîtesse des guindres, ensorte qu'ils n'enlévent la soie

(*a*) Cette diagonale servira de mesure à l'ouvrier pour faire les guindres, ainsi qu'il sera dit dans la suite.

(*b*) Voyez les Articles II, III & IV de la premiere Partie, Chap. II.

qu'après que les fuseaux auront eu le tems, par leurs révolutions, de lui donner le tord dont on vient de parler ; j'observerai qu'ici le pourtour du guindre, est deux fois & demi plus grand que dans le Moulin décrit ; & conséquemment que pour parvenir à ce que je viens de dire, & à retarder, avec deux paires seulement de poulies, la vîtesse des guindres, autant qu'il faudroit pour cela, il seroit nécessaire que les deux *poulies-pignons* fussent d'une petitesse extrême ; & qu'au contraire les deux *poulies-roues* fussent d'une grandeur déméfurée : on évitera cela, & en même-tems on sauvera à la machine les inconvéniens qui lui en résulteroient, en aujoutant aux deux paires de poulies ci-dessus, une troisiéme paire, assortie de sa corde sans fin & de son contre-poids. Si l'on jette un coup d'œil sur les Figures 2 & 3, on verra que rien n'est si facile que de placer le nouvel arbre vertical qui portera cette *poulie-roue* & *poulie-pignon* nouvelles, entre celle Y & celle marquée 1. L'exécution, sous le volume que j'indique, donnera lieu à l'agrandissement proportionnel du terrein compris entre les montans C, D, E, F [*Fig.* 2], mais sur-tout à un allongement de ce même terrein, qui sera plus que suffisant à l'emplacement de ce nouvel arbre, duquel je donnerai dans la suite la position & construction. On sait au reste que l'addition d'une paire de poulies ne peut pas produire, sur la puissance motrice, le même effet que produiroit celle d'une roue dentée & de son pignon. Il va sans-dire que la *poulie-pignon* 1 [*Fig.* 3], engrenera avec la *poulie-roue* de cet arbre nouveau, & que sa *poulie-pignon* le fera avec les *poulies-roues* Y & Z.

III. Le principe qui doit servir de base au calcul que j'ai à faire, pour trouver les diametres des trois paires de poulies dont je viens de parler ; est, *que dans un rouage à poulie engrenant par des cordes sans fin, le produit des diametres des* poulies-roues, *est égal au produit des diametres des* poulies-pignons, *multiplié par le nombre des tours que doit faire la derniere* poulie-pignon, *pendant un des tours de la premiere* poulie-roue; de même, précisément, que dans un rouage ordinaire, *le produit des dents des roues*, *est égal au produit des aîles des pignons, multiplié par le nombre des tours que doit faire le dernier pignon*, *pendant un des tours de la premiere roue.* Je regarde ceci comme principe, & je ne m'arrête pas à le démontrer; on peut voir là-dessus M. Le Camus, Liv. XI de sa Statique, & y appliquer toutes ses démonstrations, en mettant seulement, aulieu des nombres des dents des roues, & de ceux des pignons; les diametres des *poulies-roues*, & ceux de leurs *poulies-pignons.* J'observerai seulement que la premiere *poulie-roue*, celle qui ne doit faire qu'un tour pendant un certain nombre de la derniere *poulie-pignon*, est représentée par celle V [*Fig.* 3] enarbrée au guindre; & que cette derniere *poulie-pignon* est représentée par la poulie 1, à la tige du Moulin.

IV. Partant de là, pour travailler à former l'un des membres de l'équation ci-dessus, c'est-à-dire, pour avoir un produit qui soit égal à celui des diametres cherchés des trois *poulies-roues*, je commence par fixer le diametre de la plus petite *poulie-pignon* de la fusée, à *vingt-une lignes*; celui de celle de l'arbre ajouté ci-dessus, a *trente lignes*; & enfin a *trente lignes* aussi, celui de la plus petite poulie 1 de la fusée à la tige du Moulin.

V. Multipliant de suite, & les uns par les autres, ces trois nombres 21, 30, 30; & multipliant encore leur produit (18900) par 60 (qui est le nombre des tours que doit faire la tige du Moulin, pendant un seul du guindre, pour que ce guindre ne fasse qu'un seul tour pendant 1440 des fuseaux), le dernier produit est 1134000. C'est ce nombre qui est égal au produit des trois diametres cherchés, des *poulies-roues.*

VI. Ayant ce dernier nombre, il ne me sera pas bien difficile d'avoir d'avoir chacun de ces diametres en particulier. Pour cela, il ne s'agira plus que de décompoſer ce nombre en tous les facteurs qui le compoſent, les partager enſuite en trois bandes, multiplier les uns par les autres tous les facteurs de chaque bande particuliere, & chacun des trois produits qui en réſultera, repréſentera le nombre de lignes dont la longueur d'un des diametres cherchés ſera compoſée.

VII. Mais je crains de m'être ſervi, dans ce que je viens de dire, de termes inconnus à bien des perſonnes; pour ne pas les obliger à en aller chercher ailleurs l'explication, je la donnerai briévement ici; après quoi je viendrai aux opérations arithmétiques que j'ai indiquées.

Décompoſer un nombre donné en ſes facteurs, c'eſt chercher tous les diviſeurs de ce nombre, de la multiplication deſquels, les uns par les autres, & dans quel ordre on voudra, il réſultera un produit égal au nombre donné. Par exemple, pour décompoſer 28 en ſes facteurs, je diviſe d'abord 28 par 2, le quotient eſt 14; je diviſe encore ce quotient 14 par 2, le nouveau quotient eſt 7; comme ce quotient 7 ne peut plus être diviſé, ſans reſte par 2, par 3, 4, 5, ni par 6, je le diviſe par 7, & le quotient eſt 1. Les facteurs de 28 ſont donc 2, 2 & 7, qui étant multipliés de ſuite, & les uns par les autres, dans quel ordre on voudra, compoſeront une ſeconde fois le nombre 28 (*a*).

Je reviens maintenant au produit 1134000 que j'ai trouvé des diametres des trois *poulies-roues*.

VIII. Pour les avoir chacun en particulier, je décompoſe ce nombre en ſes facteurs, & je trouve qu'ils ſont 2.2.2.2.3.3.3.3.5.5.5.7.

(*a*) Voyez M. Le Camus, Liv. XI, Chap. I. de ſa Méchanique-Statique.

Je les partage en trois bandes, par exemple, en celles-ci, (2.2.3.7), (2.2.3.3.3), (5.5.5), le produit des facteurs de la premiere bande est 84, celui des facteurs de la seconde est 108, celui, enfin, de ceux de la troisiéme est 125. En multipliant ces trois facteurs composés, de suite & les uns par les autres, je m'assure que je ne me suis pas trompé dans l'opération, puisque le produit de ces trois nombres est 1134000, c'est-à-dire, celui même qui a été décomposé.

En donnant donc aux trois *poulies-pignons* les diametres ci-dessus; savoir, celui de 21 lignes à la plus petite *poulie-pignon* de la fusée 2 [*Fig.* 3], & à chacune des deux autres celui de 30 lignes; & d'un autre côté, en donnant au diametre de la poulie V de chaque guindre 84 lignes de longueur, à celui des poulies Y & Z 125 lignes, & enfin à celui de la *poulie-roue* ajoutée 108 lignes, j'aurai le rouage par lequel le guindre ne fera qu'un tour, pendant 1440 des fuseaux, ou pendant 60 de la tige du Moulin.

ARTICLE III.

Détermination par le calcul des diametres des poulies propres à varier le tord de la Soie.

Ceci achevé, je passe à la composition de la fusée 2 (*Fig.* 2 & 8) à mettre au bas de chaque guindre, c'est-à-dire, à la recherche des diametres des onze poulies dont cette fusée pourra être composée pour varier les tords à volonté.

Comme les termes de la table des tords que ces poulies doivent donner, serviront à trouver ces diametres; je commence par la composer.

I. Cette composition n'est pas difficile; entre les nombres 48 & 24, qui représentent l'un le tord fort & l'autre le moyen, j'insere quatre moyens proportionnels arithmétiques; entre ce même tord moyen

& celui 12, qui repréſente le tord foible, j'en inſere quatre autres; & de cette opération il réſulte la table ſuivante des tords en deſcendant du fort au foible; ſavoir, 48, 43,2, 38,4, 33,6, 28,8 (24) 21,6, 19,2, 16,8, 14,4, 12 points par pouce.

II. Cette table, comme je viens de le dire, nous ſervira à conſtruire celle des diametres des poulies qui doivent donner les tords qui y ſont marqués; car on ſait que lorſqu'on a trois termes d'une proportion, il eſt aiſé d'avoir le quatriéme; or cette premiere table fournira deux de ces termes à chacune des régles de proportion que nous aurons à faire pour trouver ceux de la ſeconde table, & ce que nous avons dit précédemment nous fournira le troiſiéme.

En effet de ce qu'ici les tords donnés par les poulies ſont en raiſon inverſe des diametres des poulies qui les donnent, & de ce que, d'un autre côté, dans le rouage réglé par l'article précédent, nous avons trouvé que la plus petite poulie de la fuſée dont il s'agit, étant de 21 lignes de diametre, le tord ſeroit de 48 points par pouce; il ſuit que ſi ce diametre vient à être doublé, c'eſt-à-dire, à être de 42 lignes, le tord que donnera cette poulie, ne ſera plus que de moitié de ce qu'il étoit lorſqu'elle n'avoit que 21 lignes de diametre; & que s'il vient à être quadruplé, le tord ne ſera plus que le quart, pareillement, de ce qu'il étoit.

III. Voilà donc déjà trois diametres trouvés des onze que nous cherchions pour compoſer la fuſée; ſavoir, les deux extrêmes 21 & 84, & le moyen 42. L'un de ces trois diametres nous ſervira de troiſiéme terme dans chacune des *régles de trois* à faire, pour trouver les autres.

IV. Ces régles ne feront que des répétitions de cette analogie: *un tord eſt à un autre tord, réciproquement comme le diametre de la poulie qui donne celui-ci eſt au diametre de la poulie qui donne le premier.* Auſſi pour trouver, par exemple, le diametre de la poulie qui donnera le tord de 43, 2 par pouce (& qui eſt le ſecond terme de la table ci-deſſus), on dira le tord de 43, 2 par pouce eſt au tord moyen de 24 points auſſi par pouce, comme le diametre (42) de la poulie qui donne le tord de 24 points par pouce, eſt à un quatriéme terme (23, 33 lignes), qui ſera le diametre de la poulie qui donnera le tord de 43, 2.

V. On trouvera donc ſucceſſivement, & par la même méthode, les autres diametres, en obſervant 1.° de mettre toujours pour premier terme de la régle, celui de la table ci-deſſus, duquel on cherche le diametre de la poulie qui y correſponde. 2.° De mettre pour le ſecond & le troiſiéme terme, les nombres 24 & 42. De ces opérations il réſultera la table des diametres des poulies correſpondantes aux terme de la table des tords, ainſi qu'on le voit ci-deſſous.

	TABLE DES TORDS.		TABLE *des diametres des poulies qui les donnent.*
	48 points par pouce.		21 lignes.
	43,2		23,33.
	38,4		26,24.
	33,6		30.
	28,8		35.
Moyen	24	Moyen	42.
	21,6		46,66.
	19,2		52,5.
	17,8		60.
	14,4		70.
	12		84.

Premiere Observation sur ces Tables.

VI. Ces tables, on le remarque ſans doute, ſont compoſées chacune de deux progreſſions arithmétiques, qui ont pour termes commun, l'une 24, & l'autre 42. Peut-être penſera-t-on qu'il eut été plus naturel de mettre d'abord les onze termes de celle des tords en une ſeule & même progreſſion; celle des poulies, qui y correſpond, y eut été auſſi; & il eut réſulté delà une progreſſion, où la même différence eut régné entre les tords forts & les foibles.

On pourra le faire ſi on le juge convenable, l'opération n'en ſera pas plus difficile; puiſqu'il ne s'agit que de moyens proportionnels arithmétiques à inſérer; mais peut-être n'en ſera-t-on pas d'avis lorſque j'aurai dit ce qui m'a engagé à ne le pas faire.

Il ne m'a pas paru le moindre inconvénient pour l'uſage, que la différence qui doit régner entre les termes des tords forts, ne fût pas la même préciſément que celle qui doit être entre les termes des tords foibles; mais j'ai cru en voir un dans l'arrangement contraire; le voici.

Mon objet a été, à la vérité, de fonder le ſyſtême du Moulin, dont je donne ici un exemple de conſtruction, ſur les régles de la méchanique, & d'aſſujettir, en quelque ſorte, au calcul le moulinage de la ſoie; mais il a été, en même-tems, qu'il réſultât, de tous ces calculs, une machine ſimple, dont les uſages puſſent être entendus ſans étude & preſque à l'inſpection, par la premiere Mouliniere ou Dévideuſe de ſoie: or ſi aulieu d'inférer quatre moyens proportionnels arithmétiques entre le tord le plus fort & le moyen, & quatre autres entre le même moyen & le plus foible, j'en euſſe inſéré neuf entre les deux extrêmes; l'opération m'eut donné néceſſairement, pour tord moyen, celui de 30 points par pouce: ce tord, qui eſt beaucoup trop fort, ſelon moi, pour être le tord ordinaire de la ſoie, eut été donné par une poulie qui ſe fut trouvée au milieu de la fuſée, tandis que celle qui doit donner le tord ordinaire, eut été écartée de ce même milieu. Ce ſeul dérangement eut embarraſſé la Mouliniere, elle ſe fut trompée ſouvent : on lui évite tout embarras là-deſſus, en plaçant au milieu de la fuſée la poulie qui doit donner le tord moyen ; elle a bientôt appris que c'eſt cette poulie du milieu, qui donne le tord ordinaire ; que ſi elle veut en donner un plus fort, elle n'a qu'à placer le cordon du guindre ſur une poulie plus petite, ou ſur une plus grande, ſi elle veut le donner plus foible (*a*) ; au moyen de cela elle ſera diſpenſée de ſavoir même lire la table des tords. Et ſi l'on attachoit cette table au Moulin, elle y ſeroit plus pour ſatisfaire la curioſité de ceux qui viendroient le voir, que pour l'utilité de la Mouliniere.

SECONDE OBSERVATION.

VII. J'aurois pu auſſi, aulieu des termes de cette table en progreſſions arithmétiques, les mettre en progreſſions géométriques ; mais ce qui paroît préférable dans la ſpéculation ne l'eſt pas toujours dans la pratique ; il ſuffira de dire que ſi les termes de la table euſſent été mis en progreſſions géométriques, la différence du terme qui marque le tord le plus fort, à celui qui le ſuit immédiatement, eut été de plus de huit points par pouce ; tandis que cette différence eut été à peine de deux points, entre les deux termes qui marquent les plus foibles. Rien donc n'eut été mieux imaginé que cet accroiſſement des tords en raiſon géométrique, pour rendre inintelligible à la Mouliniere les effets de la machine qu'on lui eut donnée à gouverner. Joignez à cela qu'il ne ſe fut pas trouvé autant de termes dans les tords forts, que dans les tords foibles.

(*a*) Voyez la Figure 8.

ARTICLE IV.

Construction des poulies telles qu'avec les cordes qui doivent les mener, elles soient des diametres qu'elles doivent avoir.

Les diametres des poulies une fois déterminés relativement aux effets qu'on veut faire produire à la machine, sa régularité à les produire, dépendra principalement de l'exactitude avec laquelle on aura fait de même diametre, toutes les poulies qui doivent être égales l'une à l'autre, (telles que celles des fuseaux, &c....) & de l'attention qu'on aura eu de faire former à toutes leurs gorges le même angle aigu, afin que la corde s'enfonce également dans toutes.

Je crois avoir déjà dit que le diametre d'une poulie est celui qui, par ses extrémités, touche l'axe de la corde qui l'embrasse, & qui est destinée à la mener; ainsi pour parvenir au but que nous nous sommes proposé, & en même-tems à faire ensorte que les poulies n'aient, avec les cordes qui les méneront, que les diametres qu'on a trouvé qu'elles devoient avoir; voici ce qui est à faire.

1.° Celui qui dirigera l'ouvrage fera faire un outil appellé *grain-d'orge* par les Tourneurs, lequel sera terminé en fer de lance fort aigu & fort étroit, pour faire les gorges des poulies étroites & en angle aigu aussi.

2.° Il fera ouvrir, avec cet outil, une poulie d'un diametre quelconque, par exemple, de deux pouces.

3.° Il choisira la corde par laquelle il voudra faire mener cette poulie, & il en mesurera exactement le diametre ou l'épaisseur avec un petit compas d'épaisseur. Cette corde, pour durer plus long-tems, & pour être plus égale dans toute sa longueur, sera faite exprès de bon fil retord, composé du même chanvre,

& filé par la même main ; ces petites attentions coûteront peu : elle ſuffira à une ligne & demie, ou une ligne trois quarts d'épaiſſeur. Il ſera bon de la *déroidir* ; les ouvriers entendent ce terme.

4.° Il fera embraſſer par cette corde la poulie de deux pouces. Enſuite, avec le compas d'épaiſſeur, il meſurera exactement la longueur du diametre de la poulie, les épaiſſeurs de part & d'autre, de la corde qui l'embraſſe, compriſes. S'il trouve ce diametre, par exemple, de deux pouces quatre lignes & demie, il ôtera de ce diametre une épaiſſeur de la corde que l'on a ſuppoſée être d'une ligne & demie ; le reſtant, vingt-ſept lignes, lui fera juger que les diametres des poulies, faites avec cet outil, ſeront augmentés de trois lignes par une corde qui les embraſſera, & qui ſera d'une épaiſſeur égale à celle de la corde ci-deſſus.

5.° Ayant par écrit les diametres des poulies qu'il veut faire faire, il en fera lui-même la correction, c'eſt-à-dire, (dans cet exemple-ci), qu'il les diminuera tous de trois lignes, & en donnera l'état corrigé au Tourneur.

J'obſerve ici qu'il ſera bon que les cordes des guindres, par leſquelles engreneront les fuſée 2 & poulies V [*Fig.* 3], ſoient des cordons de ſoie. Ils ſont bien plus flexibles, & ils ont infiniment moins de roideur que les cordes de toute autre matiere. Comme ces cordons ſuffiront à un diametre encore moindre que celui de la plûpart des autres cordes ſans fin, il faudra avoir un grain-d'orge particulier pour ces dernieres poulies, lequel ſervira encore pour celles des *va-&-vient* & *compte-tours* qui engreneront auſſi par des cordons ſans fin de ſoie. Et l'on conçoit qu'il faudra répéter en particulier, pour toutes les poulies à faire avec ce dernier outil, les petites opérations ci-deſſus.

Au reſte ce cordon de ſoie (ou de filoſelle bien filée), qu'on fera faire

faire exprès, coûtera un peu plus, à la vérité, que le fil retord de chanvre, dont j'ai dit ci-deſſus, que les cordes devoient être faites; mais cette dépenſe, qui ne ſera pas bien conſidérable, ſe trouvera faite pour très-long-tems ; car les piéces que ces cordons méneront, ayant un mouvement très-lent, ne s'uſeront preſque pas.

6.° Le Tourneur, pour ne pas manquer ſes poulies, c'eſt-à-dire, pour leur donner juſtement les diametres marqués par l'état corrigé qui lui en aura été donné, ſe ſervira de deux compas d'épaiſſeur dont les extrémités des branches ſeront aſſez amincies pour entrer aiſément juſqu'au fond de la poulie.

7.° Avant d'en commencer une, il ouvrira le premier compas d'une grandeur plus forte de trois quarts de ligne ou d'une ligne que le diametre de la poulie qu'il aura à faire; le ſecond ſera ouvert de la grandeur préciſément de ce diametre.

8.° Il commencera enſuite ſa poulie avec un grain-d'orge ordinaire, pour ménager celui en fer de lance, dont il ne ſe ſervira que ſur la fin. Il préſentera le premier compas, & lorſque la poulie lui donnera paſſage, l'ouvrier ſera averti de travailler doucement & avec précaution, & de préſenter ſouvent le ſecond compas pour finir la poulie. Elle ſera finie lorſque le compas préſenté, & ſupporté par le bout du doigt, ſe ſera fait paſſage par ſon propre poids après quelques ſecondes de tems, à compter du moment auquel il aura été préſenté.

9.° Il ſera bon qu'il pouſſe l'attention juſqu'à avoir une poulie ouverte avec ſon grain-d'orge près de ſa pierre à aiguiſer, afin qu'il puiſſe le préſenter à cette poulie après l'avoir aiguiſé, pour ſavoir s'il n'en a pas changé la figure, & pour y faire, au cas que cela ſeroit arrivé, les corrections néceſſaires. Il ſera bon auſſi que le Tourneur s'aſſure qu'il préſente à l'ouvrage & à toutes les poulies à travailler, le grain-d'orge toujours de la même façon, à la même hauteur & ſous le même angle, ou la même obliquité avec l'horizon: on ſait qu'au Tour à figure & à rozette on parvient à cela exactement & avec préciſion, en fixant l'outil au ſupport, & il me ſuffira, ſans doute, d'en avoir fait l'obſervation.

C'eſt par toutes ces attentions, & celle particuliere de tourner les poulies ſur les arbres mêmes auxquels elles doivent être fixées, que l'on parviendra, dans une machine de filature, à remplacer avec avantage, les roues dentées par des poulies.

Il va ſans dire que toutes ces précautions de conſtruction, ne concernent que ce que j'ai appellé *poulies-roues* & *poulies-pignons*, & non les poulies de renvoi des cordes; celles-ci ne demandent preſque ni précautions ni meſures.

CHAPITRE II.

De la Charpente du Moulin à deux vargues.

ARTICLE PREMIER.

Montans, longueur, largeur & hauteur du Moulin.

I. LE Moulin à deux vargues ſera ſoutenu par ſix montans de trois pouces en quarré d'épaiſſeur chacun. Ils ſeront diſpoſés entr'eux comme ceux A, B, C, D, E, F [*Fig.* 1.re]. Les quatre premiers auront ſept pieds huit pouces de hauteur. Celle des deux derniers pourra n'être que de ſix pieds deux pouces.

II. Les quatre premiers ſeront aſſemblés par cinq étages de traverſes, diſpoſés aux différentes hauteurs qu'on ſpécifiera ci-après, pour porter les deux cages circulaires des fuſeaux, & former celles des guindres en parallélogrammes rectangles.

III. Les deux E, F, ſe joindront aux deux C, D, par quatre étages de traverſes, diſpoſés aux hauteurs qui ſeront pareillement ſpécifiées ci-après, pour porter le rouage duquel le Moulin recevra le mouvement.

IV. La longueur totale du Moulin hors d'œuvre, (c'eſt-à-dire, les épaiſſeurs des montans extrêmes A, B & E, F compriſes), ſera de dix pieds ſix pouces ; ſavoir, ſept pieds deux pouces entre les extérieurs des montans A, B & C, D ; & trois pieds quatre pouces de là, aux montans E, F leurs épaiſſeurs compriſes.

V. La largeur de l'eſpace quarré-long, compris entre les extérieurs des montans A, B & C, D, ſera de trois pieds ſix pouces ; la diſtance du montant E, à celui F, sera d'un pied seulement, les épaisseurs cependant des mêmes montans, E, F non comprises.

ARTICLE II.

Étages & Charpente des cages des fuseaux & des guindres.

LES quatre premiers montans A, B, C, D, seront, comme on l'a dit, assemblés par cinq étages de traverses; mais le nombre & l'arrangement de ces traverses ne seront pas les mêmes dans tous les étages. On en parlera après qu'on aura dit que......

§. 1.er

Hauteur des étages entre les quatre premiers montans.

1.° LES surfaces supérieures des traverses du premier étage seront élevées de terre seulement de cinq pouces. 2.° La distance entre la surface supérieure de ce premier étage, & celle aussi supérieure du second, sera de deux pieds. 3.° Entre la surface supérieure du second, & celle aussi supérieure du troisiéme étage, il y aura un pied six pouces & six lignes. 4°. Entre cette derniere & celle supérieure du quatriéme, il y aura deux pieds. 5.° Enfin entre cette derniere & celle supérieure du cinquiéme, la distance sera d'un pied six pouces six lignes; ensorte que ce dernier étage sera élevé de terre de sept pieds cinq pouces & demi.

Sur les premier & troisiéme étages seront les cages circulaires des fuseaux; les entre-deux du second & troisiéme, du quatriéme & cinquiéme, formeront (moyennant les petits montans dont on parlera) les cages des guindres.

§. 2.

Arrangement des traverſes dans chaque étage.

I. A tous & chacun des cinq étages il y aura deux traverſes, que je nommerai *traverſes de largeur*, & qui joindront l'un à l'autre les montans A, B & ceux C, D; ces traverſes auront deux pouces ſix lignes de largeur ou hauteur & deux d'épaiſſeur. Elles ſeront poſées dans leur haut-ſens, enſorte qu'elles ſoient à fleur des intérieurs des montans, & qu'il y ait un pouce de vuide entre les extérieurs de ces montans & ceux des traverſes (*a*).

II. Aux étages premier, troiſiéme & cinquiéme, ſeront poſées, à même niveau que les premieres, deux traverſes de longueur, de même largeur & épaiſſeur que ces mêmes premieres, & dans leur haut-ſens, pour joindre les montans A, C & ceux B, D; mais, à la différence de celles de largeur, elles ſeront à fleur des extérieurs des montans.

III. Aux étages ſecond & quatriéme, ne ſeront point les traverſes de longueur dont on vient de parler; mais ils en auront chacun deux autres, auſſi bien que les étages troiſiéme & cinquiéme. Ces autres traverſes de longueur, pour ces quatre derniers étages, auront deux pouces & demi de largeur, & un pouce & demi d'épaiſſeur; ce ſera la largeur qui ſera par deſſus, c'eſt-à-dire, qui ſera horizontale. Elles ſeront aſſemblées à l'équerre, dans les traverſes de largeur de chacun de ces étages; elles y ſeront placées au même niveau que ces premieres, & enſorte que l'une ait la ligne du milieu de ſa largeur (*b*) dans toute la longueur de la traverſe, diſtante de huit

---

(*a*) Le Menuiſier doit tracer, à la craie, ſur le plancher, les emplacemens de ces montans, ces traverſes, &c.

(*b*) J'entends par ligne du milieu de la largeur d'une traverſe qui feroit, par exemple, de ſix pieds de longueur ſur deux pouces de largeur, une ligne qui feroit tracée ſur la ſurface large de

pouces des faces des montans A, C; ſavoir, des faces extérieures de ces deux montans, celles qui ſont paralleles à la longueur du Moulin; & que l'autre, qui lui ſera parallele, ait préciſément toutes les mêmes poſitions à l'égard des traverſes de largeur, & des faces extérieures des montans B, D.

Ces deux traverſes, au ſecond étage, avec leurs correſpondantes au troiſiéme, comme les deux du quatriéme, avec leurs correſpondantes au cinquiéme, ſerviront, moyennant les montans dont on parlera bientôt, à former les deux cages des guindres des deux vargues.

Sur leurs ſurfaces antérieures, c'eſt-à-dire, ſur celles qui regardent les tringles des guides [*Fig.* 2], ſeront les canaux dans leſquels joueront, comme couliſſes, les petits chariots contre-poids des cordes particulieres à chaque guindre (*a*).

IV. Au ſecond étage, & au quatriéme ſeulement, il faudra encore quatre autres traverſes, de même largeur & épaiſſeur que celles dont on vient de parler, qui y porteront, qui ſeront par conſéquent paralleles aux traverſes de largeur, & dont les ſurfaces ſupérieures ſeront, avec toutes les autres, ſoit de longueur, ſoit de largeur, au même plan horizontal.

Deux de ces quatre traverſes auront les lignes des milieux de leur largeur diſtantes chacune de ſept pouces des extérieurs des traverſes de largeur dont on a parlé au N.° 1.er de ce §, & qui joindront les montans A, B & C, D [*Fig.* 1.re]. La troiſiéme aura ſa ligne du

cette traverſe, qui auroit comme elle ſix pieds de longueur, & qui dans toute cette longueur ſeroit diſtante d'un pouce des bords de la traverſe.

(*a*) Voyez ci-deſſus pages 38 & 39 & le petit chariot marqué 8 & 9 (*Fig.* 3); dans cette Figure la traverſe P Q a été briſée pour laiſſer voir celle où eſt le petit chariot; au Moulin à deux vargues, cette traverſe P Q ne doit pas ſe trouver, du moins au ſecond & quatriéme étage, ainſi qu'on vient de le dire.

milieu distante de l'extérieur de la traverse de largeur C D, de deux pieds huit pouces ; le milieu de la largeur de la quatriéme sera distant de l'extérieur de la traverse A B de deux pieds onze pouces (*a*).

Les deux premieres seront pour porter par dessous elles les chappes des poulies 3 & 4 [*Fig.* 3] ; par dessus les deux autres seront les poupées *r*, *s* qui serviront d'appui aux tourillons du cylindre du *va-&-vient*, ainsi qu'on le dira en son lieu.

§. 3.

Cages des fuseaux.

I. On a dit ci-dessus, (Chap. Ier Artic. Ier N.° I. de cette Partie), que chacune des cages circulaires des fuseaux seroit de six pieds six pouces de diametre, pour y distribuer, dans un ordre pareil à celui de la Figure premiere, & sur une circonférence de six pieds quatre pouces de diametre aussi, soixante-seize fuseaux. Ces cages pourront être formées chacune, à l'exemple de celle du petit Moulin décrit, de deux couronnes (*b*) de cercle de bois de hêtre ou de chêne, de neuf lignes d'épaisseur, assemblées l'une avec l'autre pour former la cage, par des boulons de bois à double embases & double clavette (*c*).

II. Comme à tous les fuseaux il y aura, ainsi qu'on le dira ci-après (*d*), entre leurs pivots & le haut de leur collet, cinq pouces

(*a*) On se souviendra ici que les extérieurs de ces traverses de largeur, ne sont pas, comme dans cette Figure premiere, à fleur des extérieurs des montans ; mais qu'ils rentrent d'un pouce sur les extérieurs de ces montans ; ainsi qu'on l'a dit au N.° I de ce §.

(*b*) Ces couronnes de cercle de bois rendent plus légere & plus agréable à la vue les cages des fuseaux ; mais la construction en est bien plus longue & par conséquent bien plus chere que celle des cercles pleins de bois, lesquels sont avec cela plus solides ; ainsi on pourra, si l'on veut, former ces cages de deux cercles de bois chacune.

(*c*) Voyez la page 31 & la Figure 7.

(*d*) Chap. III, Art. II de cette Partie.

quatre lignes de diſtance, il y aura auſſi entre la ſurface ſupérieure de la couronne inférieure, & la ſurface ſupérieure de la couronne ſupérieure, cinq pouces quatre lignes de diſtance.

III. Les deux couronnes de chaque cage ſeront par-tout & dans leur pourtour à cette diſtance, ſi (ces couronnes étant d'égale épaiſſeur) le Tourneur, qui travaillera les boulons à double clavette, a l'attention de les travailler enſorte qu'une de leurs embaſes ſoit diſtante de l'autre, préciſément de cette longueur de cinq pouces quatre lignes.

IV. C'eſt dans la couronne inférieure que ſeront logés, à fleur du bois, les petits cylindres de cuivre qui ſerviront de crapaudines aux fuſeaux ; celle ſupérieure recevra, auſſi à fleur du bois, les lunettes de cuivre, dans leſquelles ſeront les collets des fuſeaux avec liberté de tourner (*a*).

§. 4.

Cages des guindres.

I. Les deux traverſes dont il a été parlé au N.° III du § 2 ci-deſſus, & qui doivent être placées dans chacun des quatre derniers étages, ſeront pour recevoir, haut & bas, dans deux paires de mortaiſes qui ſeront pratiquées dans chacune d'elles, les tenons ou montans pareils à-peu-près à ceux L [*Fig.* 2 *&* 3]; & ces montans ſerviront d'appui aux tourillons & collets des guindres. On dit *à-peu-près* ; car, comme le Moulin eſt à deux vargues, il y auroit de l'inconvénient que les tenons de ces montans débordaſſent les traverſes, comme ils font dans les Figures 3 & 8.

II. Chacun de ces montans aura un pouce d'épaiſſeur, deux & demi

(*a*) Voyez la page 31 ci-deſſus & les notes qui y ſont.

demi de largeur, & pour hauteur, entre deux tenons, (ces tenons non compris), dix-ſept pouces ; ces dix-ſept pouces ſeront la diſtance qui ſe trouvera par ce qui a été dit ci-deſſus (§. 1.er N.° I, & §. 2, N.° III de cet Article), entre la ſurface ſupérieure d'une des deux traverſes du ſecond étage par exemple, & la ſurface inférieure de ſa correſpondante dans le troiſiéme étage. On conçoit qu'il faut deux de ces montans pour chaque guindre.

III. Ces montans ſeront placés, à-peu-près, comme en L [*Fig.* 2]; je veux dire que leurs épaiſſeurs ſeront tournées du côté des tringles des guides, leur largeur fera face aux traverſes de largeur A B, C D, [*Fig.* 1.re].

IV. Le premier montant de chaque guindre, celui deſtiné à recevoir ſon collet, ſera placé ſur la traverſe de maniere que ſa face du côté de la poulie V du guindre [*Fig.* 2] ſoit à quatre pouces de diſtance de l'extérieur de la traverſe de largeur qui joint les montans A, B ou C, D. Le ſecond montant de chaque guindre, celui deſtiné à recevoir ſon tourillon, ſera placé auſſi de façon que la face de ce montant, qui regardera le premier, ſera (ſur la même ligne du milieu de la traverſe) à deux pieds dix pouces de diſtance de la face du premier montant dont on vient de parler. On placera de même toutes les autres paires de montans pour chaque guindre.

V. Les collets & tourillons des guindres auront leurs appuis pratiqués dans les montans, ainſi qu'on le voit en *o* [*Fig.* 8] (*a*); ces appuis ſeront pratiqués à telle hauteur, que les guindres y étant, les centres des appuis, ou les axes des guindres, ſoient élevés au-deſſus de la traverſe, dans laquelle porteront les tenons inférieurs de

(*a*) Le Deſſinateur a oublié de marquer ces appuis ſur les montans L (*Fig.* 3).

leurs montans, de *neuf pouces ſix lignes.* On donnera la conſtruction de ces guindres dans le Chapitre ſuivant.

ARTICLE III.

Charpente du rouage.

Les montans C, D [*Fig.* 1.re] ſeront aſſemblés à ceux E, F, par quatre étages de traverſes diſpoſées, dans chaque étage, à-peu-près comme les traverſes CE, EF, FD. Toutes ces traverſes auront *deux pouces & demi de face* ou de *hauteur*, & *deux d'épaiſſeur*; les longueurs ſont déterminées par les poſitions des montans C, D, E, F, déſignées aux N.° III, IV & V de l'Article premier ci-deſſus.

§. 1.er

Hauteur des quatre étages de traverſes.

Les ſurfaces ſupérieures des traverſes du premier étage, ſeront à deux pouces & demi de terre, enſorte que leurs inférieures toucheront la terre. Celles ſupérieures du ſecond étage ſeront à un pied quatre pouces auſſi de terre; celles du troiſiéme à trois pieds; celles du quatriéme à ſix pieds, toujours à compter du plancher par terre.

§. 2.

Arrangement d'autres traverſes ſur celles-ci dans chaque étage.

I. Les traverſes CE, DF de chaque étage ſeront, pour en porter d'autres, preſque toutes de la même façon que celle W W [*Fig.* 2] y eſt portée. Les unes ſeront pour loger les crapaudines des grands arbres, les autres ſeront pour recevoir leurs tourillons, &c.

Par exemple, une traverſe de deux pouces & demi d'épaiſſeur, & de trois pouces de largeur, ſera placée horizontalement & la largeur par deſſus, ſur les traverſes CE, DF de l'étage qui touche terre, de façon qu'elle touche terre auſſi, & enſorte que le milieu de ſa largeur ſoit dans toute ſa longueur à une diſtance de la ligne, dans laquelle ſeroient les intérieurs des montans E, F (*a*), de *ſept pouces.* Dans le milieu de la longueur de celle-ci, ſera enfoncé, à fleur du bois, un petit cylindre de cuivre de neuf à dix lignes de diametre, d'environ un pouce de hauteur, & ayant ſa baſe ſupérieure creuſée coniquement d'une ligne & demie ou deux lignes, pour recevoir le pivot de la tige du Moulin.

II. En haut & au quatriéme étage, ſera auſſi une traverſe qui répondra parallelement à celle-ci, enſorte que les milieux de leur longueur ſoient dans une même ligne verticale ; celle-ci ſera pour recevoir le tourillon de l'arbre dans une demi-lunette qui aura ſa convexité tournée du côté du Moulin, & qui ſera, ſi l'on veut, revêtue d'une demi-lunette de cuivre proportionnée au tourillon de cet arbre : le reſtant du bois de la largeur de cette traverſe, vis-à-vis de la concavité de la lunette, pourra être ſupprimé, pour pouvoir, ſans démonter la traverſe, faire entrer & ſortir le tourillon de l'arbre hors de ſa demi-lunette. Lorſqu'il y ſera, afin que de lui-même il n'en ſorte pas pendant le travail, on pourra, ſur la traverſe, ficher deux petits pitons de fer, dans leſquels on paſſera une petite broche auſſi de fer, & qui tiendra à la traverſe par une chaînette (*b*).

Comme la ſuppreſſion d'une partie de bois à la traverſe dont on vient de parler, doit affoiblir cette traverſe; il ſera bon de lui donner un pouce de largeur de plus qu'aux autres, & de porter cette

(*a*) C'eſt de cette ligne que l'on partira pour déſigner les diſtances de toutes ces traverſes pareilles à celle W W (*Fig.* 2).

(*b*) Cette broche pourra être viſſée, du moins dans une partie de ſa longueur, pour engrener avec un des pitons, & ne pas s'en échapper pendant le travail.

largeur du côté du Moulin, parce que c'eſt de ce côté que l'arbre en mouvement frottera & fera effort.

III. Sur le troiſiéme étage, ſera une traverſe de fer, large de quatorze lignes & épaiſſe de trois, elle ſera ſur ſon haut-ſens; la face de cette traverſe, qui regarde les montans E, F, ſera diſtante de la ligne ſuſdite (N.° I ci-deſſus) de cinq pouces & demi; elle portera dans le milieu de ſa longueur un petit canon de fer, dont l'axe ſera horizontal, pour recevoir le tourillon de l'arbre du rouet, ainſi qu'il ſera dit ci-après.

IV. Au ſecond étage, ſera une autre traverſe, dont le milieu de la largeur ſera dans toute ſa longueur à une diſtance de dix-ſept pouces de la ligne ſuſdite. C'eſt pour recevoir le cylindre de cuivre qui ſervira de crapaudine au ſecond arbre vertical de fer, celui que nous avons dit, à la page 71, devoir être ajouté à ce Moulin.

V. Au quatriéme étage, ſera une ſeconde traverſe, correſpondante à celle-ci, pour recevoir dans une demi-lunette faite comme la précédente (N.° II ci-deſſus), le tourillon de ce même ſecond arbre.

CHAPITRE III.

Des piéces auxquelles la Charpente est destinée.

ARTICLE PREMIER.

Des Arbres, Roues & Poulies du Moulin.

§. 1.er

Du Rouet de la Manivelle & de sa Lanterne.

I. LE rouet de la manivelle peut être à seize dents, & la lanterne à sept fuseaux.

II. La façon la plus expéditive de composer ces deux piéces, est 1.° de se déterminer sur l'épaisseur du fuseau de la lanterne ou sur la force qu'il doit avoir, eu égard au travail auquel il est destiné. 2.° De mettre les centres des fuseaux sur une circonférence telle que l'espace d'un centre à l'autre soit de quinze parties du nombre desquelles le diametre du fuseau fera lui seul huit parties; conséquemment de faire ensorte *que l'espace plein soit à l'espace vuide entre deux fuseaux, comme huit est à sept.* 3.° De mettre aussi les centres des dents du rouet, sur une circonférence telle que l'espace du cenrre d'une dent à l'autre, soit aussi de quinze parties, dont le même diametre du fuseau en fait huit; mais de donner seulement *six & demi* de ces quinze parties au diametre de chaque dent, ensorte que sur le rouet, *l'espace plein soit à l'espace vuide entre deux dents, comme six & demi est à huit & demi.* Par-là il arrivera que la dent, qui n'a que six parties & demie de diametre, jouera dans un vuide de sept parties entre deux fuseaux. Ainsi il y aura une demi-partie de vuide pour le jeu (*a*).

(*a*) Voyez l'Architecture hydraulique de M. Belidor, I. Part. Tom. I. pag. 121.

III. Suivant cette méthode, je régle d'abord à *douze lignes* le diametre du fuſeau, ce qui me donne pour l'eſpace vuide entre les deux fuſeaux *dix lignes & demie*; car 8 eſt à 7, comme 12 eſt à 10,5. J'aurai conſéquemment, pour l'eſpace vuide & plein 22,5 lignes.

IV. Il doit y avoir ſept fuſeaux à la lanterne; ainſi la circonférence ſur laquelle ſeront leurs centres, ſera de ſept fois 22,5 lignes, c'eſt-à-dire, de 157,5 lignes. On trouvera que le diametre de cette circonférence eſt, à peu de choſe près, de *quatre pouces deux lignes & demie* par cette proportion 22:7 ::157,5: 52,5 (*a*).

V. L'eſpace vuide & plein, entre deux dents du rouet, doit être auſſi de 22,5 lignes. La proportion 15 eſt à 6,5, comme 22,5 eſt à 9,75, me donne le diametre de la dent du rouet de neuf lignes trois quarts.

VI. Comme le rouet doit avoir ſeize dents, elles doivent être ſur une circonférence de ſeize fois 22,5 lignes, c'eſt-à-dire, de 360 lignes. Le diametre de cette circonférence eſt, à peu de choſe près, de *neuf pouces ſix lignes & demie.*

Voici donc, en conſéquence de ce qu'on vient de dire, la conſtruction de ces deux piéces, & d'abord celle de la lanterne.

VII. Son tourteau ſupérieur ſera de bois de noyer, poirier ou pommier ſauvage, d'*un pouce d'épaiſſeur* & de *ſix pouces huit lignes* de diametre. Il ſera bon de le revêtir d'une frette mince pour le fortifier.

VIII. Le tourteau inférieur ſera de même bois que le ſupérieur,

---

(*a*) Voyez la Géométrie de M. Le Camus, pages 493 & 494.

il aura *quinze lignes d'épaisseur*, & pourra être de *huit pouces* ou *huit pouces & demi* de diametre.

REMARQUE.

On fait ce diametre plus grand que celui du plateau supérieur, afin de pouvoir y ouvrir une poulie telle que celle 14 [*Fig.* 3], & pouvoir, en supprimant la manivelle, faire mettre le Moulin en mouvement par une tige commune à un ou plusieurs autres Moulins (*a*).

IX. La lanterne dans-œuvre, & entre deux plateaux, aura cinq pouces quatre lignes de hauteur; ainsi les fuseaux, pour pouvoir entrer de dix lignes dans chaque plateau, auront en tout sept pouces de longueur.

X. Ils seront, autant qu'il pourra se faire, de bois de cornouiller; c'est le meilleur pour cela: & ils seront distribués sur les plateaux, sur une circonférence de quatre pouces deux lignes & demie de diametre, ainsi qu'on l'a dit au N.° IV.

XI. Le Tourneur, pour bien faire ces plateaux, après leur avoir donné une premiere préparation, les avoir percé au centre, d'un trou quarré; les avoir présenté à l'arbre de fer nommé *la tige du Moulin*, & dont on parlera ci-après; il les montera tous les deux bien solidement sur un même mandrin quarré, dans la même position qu'ils auront été présentés à l'arbre, dans la même position & à la distance, à-peu-près, qu'ils auront lorsque les fuseaux y seront travaillés.

XII. Lorsque les plateaux seront réduits au diametre qu'ils doivent avoir chacun, & que la poulie à faire sur le plateau inférieur sera

(*a*) Voyez la Note (*a*), page 68 ci-dessus.

faite; avant de les ôter du mandrin, il faudra marquer, à la face intérieure de chacun, un point qui sera précisément distant du centre du plateau, de *deux pouces une ligne & un quart* : c'est la longueur du rayon de la circonférence sur laquelle seront les centres des fuseaux. Ces points lui serviront pour tracer légérement sur les tourteaux (le mandrin qui les porte étant remonté sur le tour) sans compas, mais avec un outil bien pointu, les circonférences ci-dessus.

XIII. Avant encore de démonter les plateaux, il marquera sur chacune de ces circonférences, un point; ensorte que ces deux points soient les extrémités d'une ligne qui les toucheroit à ces points, & qui seroit bien perpendiculaire aux faces intérieures des plateaux.

XIV. Il pourra ensuite démonter les plateaux, & partir de ces points pour les divisions en sept parties égales de ces deux circonférences; mais avant de les faire, il ne faut pas qu'il oublie de faire vis-à-vis de ces premiers points, & cependant à huit ou neuf lignes de distance de chacun d'eux, une petite marque à demeure. Ces marques serviront, lorsqu'on montera la lanterne, & qu'on aura placé ses sept fuseaux dans un tourteau, pour placer dans le trou du second tourteau, vis-à-vis duquel est la marque, le même fuseau qui est vis-à-vis de l'autre marque dans le premier.

XV. Les divisions faites; pour en venir à faire les trous qui doivent recevoir les fuseaux, il faudra monter sur le tour à lunette, cette méche, que les bons Tourneurs connoissent, & que je nomme *langue de serpent,* à cause de ses trois pointes, dont celle du milieu saille au-delà des deux autres d'environ deux lignes, pour maintenir toujours l'outil, pendant qu'il travaille, dans l'axe du trou qu'il fait.

XVI. Pour parvenir à faire ces fuseaux justement d'un pouce d'épaisseur dans toute leur longueur, il ne se servira pas du compas d'épaisseur, d'épaiſſeur, mais il percera de part en part, ſur le tour, une planchette très-mince d'un trou propre à livrer paſſage, ſans vuide, à un cylindre d'un pouce de diametre. Cette planchette lui ſervira pour préſenter à ſes fuſeaux en les travaillant.

XVII. Avant de travailler le rouet, il faut faire faire l'arbre de fer ſur lequel il ſera monté.

Cet arbre aura en tout *onze pouces & demi de longueur*; ſavoir,

	pouces.	*lig.*	*points.*
1.° Un tourillon de ſept lignes environ de diametre, ſur neuf lignes de longueur. ci - - - - - - - - - -	0	9	0
2.° De là, juſqu'à l'embaſe qui ſoutiendra le derriere du plateau du rouet, l'arbre aura environ dix lignes en quarré d'épaiſſeur, ſur trois pouces quatre lignes fortes de longueur. ci -	3	4	3
A un pouce en devant de cette embaſe, l'arbre ſera percé d'un trou quarré-long, pour paſſer une clavette de fer, laquelle, en portant contre une plaque mince de fer, ſerrera le rouet contre ſon embaſe.			
3.° Cette embaſe ſera de trois pouces de diametre, en tous cas la plus large qu'il ſera poſſible. Elle aura huit lignes environ d'épaiſſeur vers ſon centre, réduite à deux vers ſes bords. ci - - - - - - - - - - - - - - - -	0	8	0
4.° Le reſtant de la longueur (qui ſera de ſix pouces neuf lignes environ) ſera arrondi, & ſera de huit à neuf lignes de diametre; cependant vers l'extrémité, & ſur un pouce environ de longueur, il ſera équarri & préparé pour recevoir la clef de la manivelle (*a*). ci - - - - - -	6	8	9
TOTAL -	11	6	0

(*a*) Le rayon de cette manivelle ſera de ſeize à dix-ſept pouces de longueur.

XVIII. Le cercle de bois qui doit ſervir de rouet doit avoir un pied de diametre; un pouce & demi d'épaiſſeur dans le milieu, réduite par derriere à quinze lignes vers la circonférence.

XIX. Le morceau de bois préparé pour cela ſera monté ſur ſon arbre de fer ſolidement, & comme il doit y demeurer; il ſera travaillé au tour ſur cet arbre, & l'on tournera en même-tems le tourillon de ce même arbre pour l'aſſortir au canon dans lequel il doit tourner, & duquel nous avons parlé au Chapitre précédent, Art. III, § 2, N.° III.

XX. Il marquera enſuite, ſur la ſurface plane du rouet, un point diſtant du centre de *quatre pouces neuf lignes un quart*; c'eſt la longueur du rayon de la circonférence ci-deſſus (N.° VI) de 360 lignes ſur laquelle doivent être les centres des dents. Ce point lui ſervira à la décrire ſur le plan du rouet, ſon arbre étant monté ſur le tour.

Après qu'il l'aura diviſée, & fait à la *langue de ſerpent* moins large que la précédente (*a*), les trous pour les racines des dents; il les travaillera chacune de 9,75 lignes de diametre, ſur 27 lignes de longueur depuis la racine, cette racine (qui ſera de neuf ou dix lignes de longueur) non compriſe: elles ſeront terminées en épicycloïdes, ſur environ huit lignes de longueur; & pour les faire toutes du diametre ci-deſſus, il ſe ſervira, en les travaillant, d'une planchette percée au tour, d'un trou qui aura ce diametre avec préciſion (*b*).

XXI. Après ceci, le Tourneur fera mettre entre les montans E, F [*Fig.* 1.re] une traverſe, dont le haut ſera environ à trois pieds cinq pouces & demi de hauteur de terre. La largeur de cette traverſe débordera d'un pouce les extérieurs des montans, ainſi qu'on le voit en la Figure 3, à l'endroit marqué 12.

(*a*) Dont on a parlé N.° XV de ce §.

(*b*) Voyez le N.° XVI précédent.

XXII. Il fera préparer par le Fondeur en cuivre une lunette de ce métal, composée de deux piéces quarré-longues & égales, c'est-à-dire, ayant chacune cinq à six lignes d'épaisseur, seize lignes de longueur, & huit de hauteur ou largeur.

Dans le plan de chacune d'elles, le Fondeur ouvrira un demi-cercle de quatre lignes de rayon. L'une de ces piéces portera à chaque côté de son demi-cercle, dans le milieu de son épaisseur & dans son plan, une aiguille de fer pour entrer dans des trous correspondans faits dans l'autre piéce; ensorte qu'en faisant entrer les aiguilles dans les trous de celle-ci, les deux demi-cercles se raccordant, forment une lunette de huit lignes de diametre.

Il enfoncera la piéce de cette lunette, celle qui porte les aiguilles, dans l'épaisseur de la traverse; ensorte que la seconde piéce y étant, l'axe de cette lunette soit horizontal, ne forme qu'un seul axe avec celui du canon ci-dessus, & que la piéce supérieure de la lunette déborde de trois lignes environ, la surface supérieure de la traverse.

XXIII. Pour lors le Tourneur prenant juste la distance du canon à la lunette, & marquant, sur l'arbre du rouet, l'endroit où cet arbre y correspondra, il remontera le rouet sur le tour; il fera à l'arbre, à cet endroit, un collet ou petit enfoncement circulaire d'une demi-ligne, de maniere que l'arbre, reposant dans son canon & dans la lunette, ne puisse aller ni en avant, ni en arriere, & remplisse parfaitement la lunette, avec liberté cependant de tourner.

XXIV. Il y a plusieurs méthodes d'assujettir la piéce supérieure de la lunette, de sorte qu'elle ne se souleve pas dans le travail du Moulin. Une des plus simples me paroît être de faire faire par le Serrurier un crochet de fer qui seroit comme une potence à deux piliers. Ces deux branches, (qui seroient paralleles & distantes l'une de l'autre d'au moins deux pouces & demi), feroient d'un pouce & demi, ou de deux pouces plus longues que l'épaiffeur de la traverfe dans laquelle feroit la lunette. Ces deux branches étant viffées chacune, fi l'on perce la traverfe de part en part, felon fon épaiffeur, & de chaque côté de la lunette, & que l'on faffe paffer dans ces trous les branches du crochet; moyennant les écroues à main avec lefquelles ces branches engreneront par deffous la traverfe, on ferrera l'une contre l'autre les deux piéces raccordées de la lunette.

XXV. Le Tourneur s'appercevra, malgré qu'il aura obfervé tout ce que j'ai rapporté, qu'il y aura encore à retoucher avec la lime aux côtés des dents du rouet vers leurs extrémités, & qu'il y aura à en ôter légerement un peu de bois, aux unes plus, aux autres moins.

REMARQUE.

TOUT ce détail, fur ces deux feules piéces, fera affez fentir (pour le dire en paffant) de quel avantage il eft de fubftituer aux roues dentées, les poulies dans les Moulins à foie. Auffi, en écrivant ceci, ai-je été tenté de fubftituer encore des poulies à ce rouet & à cette lanterne; la chofe eft fi aifée à faire, par ceux qui le voudroient, qu'il me femble fuffifant d'en avoir fait ici l'obfervation.

§. 2.

Du grand Arbre ou de la Tige du Moulin, & des piéces qui doivent y être enarbrées.

I. LA tige du Moulin fera un arbre de fer bien dreffé, de cinq pieds dix à onze pouces de longueur; il fera vers le bas d'onze à douze lignes en quarré d'épaiffeur, réduite infenfiblement à dix lignes auffi en quarré vers le haut. Au bas, il fera pivoté fur trois pouces de longueur, & aura le pivot bien acéré. Au-dessus de ce pivot, à trois pouces de la pointe, sera une embase d'au moins deux lignes de saillie dans tout le pourtour de l'arbre. Il sera bien arrondi, ou tourillonné par le haut sur quatre à cinq pouces de longueur : ce sera à ce tourillon que s'assortira la demi-lunette dont on a parlé plus haut (*a*), & pratiquée dans une plaquette de cuivre d'une ligne & demie d'épaisseur, de quatorze à quinze lignes en quarré, percée d'un petit trou à chaque angle, pour recevoir des épingles ou clous de fil de fer, qui la fixeront sur la traverse du quatriéme étage.

II. A cette tige seront enarbrées quatre piéces percées quarrément au centre, & auxquelles cette tige servira d'axe ; savoir, 1.° Une poulie M [*Fig.* 3], dont la gorge sera dans un même plan horizontal avec les gorges de celles fixées aux axes des fuseaux du vargue inférieur, c'est-à-dire, à dix pouces de terre, conséquemment à sept pouces & demi au-dessus de la pointe du pivot.

2.° La lanterne, dont le haut du tourteau supérieur sera à deux pieds huit pouces huit lignes de la pointe du pivot de l'arbre, afin qu'il y ait quelques lignes de distance entre ce tourteau & le canon qui reçoit le tourillon de l'arbre du rouet (*b*), & que cette lanterne puisse tourner sous le canon, sans frotter contre.

3.° La fusée I [*Fig.* 3], de laquelle la gorge de la plus petite poulie sera environ à trois pieds quatre pouces de la pointe du pivot.

4.° Enfin la seconde poulie M, pour les fuseaux du vargue supérieur, de laquelle poulie la gorge sera à quatre pieds un pouce dix lignes au-dessus de la même pointe du pivot.

(*a*) Chap. II, Art. III, §.2, N.° II de cette Partie.

(*b*) L'axe de ce rouet est supposé être à trois pieds de terre, ou à deux pieds neuf pouces six lignes du pivot de la tige.

III. J'ai dit, ci-dessus (*a*), que le diametre des poulies M des fuseaux devoit être vingt-quatre fois celui de la poulie à l'axe de chaque fuseau, ensorte que si la poulie du fuseau a, par exemple, huit lignes de diametre pris entre les parties opposées de l'axe de la corde qui l'embrasse, il faudra que chacune de ces poulies M ait seize pouces de diametre entre les parties de la même corde qui l'embrassera.

J'ajouterai ici que ces poulies faites chacune d'une seule planche, ou de plusieurs jointes & assemblées solidement, peuvent, étant travaillées, n'avoir gueres qu'un pouce ou quinze lignes d'épaisseur. Sur cette petite épaisseur, & sur un si grand diametre, elles auront peine à se maintenir long-tems d'équerre sur leur arbre; pour qu'elles s'y maintiennent, le Tourneur pourra rendre ses poulies beaucoup plus épaisses vers leur milieu, en ajoutant & joignant au cercle de bois, qui doit devenir la poulie, une espéce de cône tronqué renversé & de bois debout, de quatre pouces de hauteur, dont la base qui touchera à la planche, (& qui entreroit d'une ligne ou deux dans un vuide circulaire qui y seroit pratiqué), pourroit être de quatre à cinq pouces de diametre; celle d'en bas ne seroit que d'environ deux pouces & demi. Si cette piéce est fortement arrêtée au cercle de bois par des pointes de fer ou autrement, ensorte qu'ils ne forment ensemble qu'un même corps; & si le tout, avant d'être travaillé ultérieurement est percé, suivant l'axe du cône, d'un trou quarré correspondant à l'épaisseur de l'arbre sur lequel il doit être monté; il sera facile, lorsque la poulie sera faite, de l'arrêter par des petits coins minces à l'endroit de l'arbre qu'elle doit occuper, de façon que dans le travail, elle se maintiendra d'équerre avec lui.

IV. On n'ajoutera rien ici à ce qui a été dit ci-dessus de la lan-

---

(*a*) Chap. I, Art. I, N.° II de cette Partie.

terne. A l'égard de la fuſée 1 [*Fig.* 3], on ſait que ſa plus petite poulie doit être de trente lignes de diametre (*a*) ; celle au-deſſous pourra être de quarante lignes, & la troiſiéme de cinquante pour les effets ou diminutions de tord dont on a parlé *page* 52. Il eſt eſſentiel de faire cette fuſée du bois le plus dur, comme cormier, buis, &c.

Remarque ſur cet Arbre pour l'organſinage.

On a vu au Chapitre précédent, concernant la charpente (*b*), comment cet arbre doit y être placé, & qu'en ôtant ou mettant la cheville de fer dans ſes pitons, on peut ôter ou remettre en place cet arbre à ſon gré. C'eſt au moyen de ceci, & du ſeul croiſement ou décroiſement de la corde des fuſeaux, qu'on pourra faire ſervir, à volonté, chacun des deux vargues, de moulin du premier ou du ſecond apprêt : lorſqu'on voudra croiſer ou décroiſer la corde des fuſeaux du vargue inférieur, pour les faire tourner d'un autre côté, pendant qu'une perſonne ſoulevera l'arbre, une autre paſſera la corde par deſſous le pivot pour la croiſer ou décroiſer, & la remettre ſur la poulie M, l'arbre étant remis dans ſa crapaudine. Si ce ſont les fuſeaux du vargue ſupérieur qu'on veut faire tourner d'un autre côté, on pourra faire paſſer les deux cordes, qui ſe trouveront dans cette partie, par deſſus le tourillon de l'arbre, croiſer enſuite ou décroiſer celles des fuſeaux, & les remettre après, toutes les deux, ſur leurs poulies.

Quoique cette derniere opération ne ſoit pas longue, elle l'eſt cependant un peu plus que la premiere ; d'un autre côté, pour faire de l'organſin, le Moulin doit travailler au moins deux fois autant de ſoie du premier apprêt que du ſecond ; on pourra donc deſtiner le

---

(*a*) Chap. I, Art. II, N.° IV de cette Partie.

(*b*) Art. III, § 2, N.° II.

vargue supérieur à travailler toujours de la soie du premier apprêt; & le vargue inférieur, à servir tantôt de moulin du premier apprêt, tantôt du second; au moyen de quoi il n'y aura de croisement ou décroisement de cordes à faire, qu'à celle des fuseaux du vargue inférieur.

§. 3.

Du second Arbre vertical & des piéces qu'il doit porter.

I. Le second arbre sera de quatre pieds neuf pouces de longueur, & de neuf à dix lignes en quarré d'épaisseur. Il sera pivoté par le bas, & tourillonné par le haut comme le premier: on pourra se passer d'y faire une embase au-dessus du pivot.

II. Comme cet arbre est celui ajouté en conséquence de ce qui est dit précédemment, il portera trois piéces; savoir, deux *poulies-pignons* égales, & de trente lignes de diametre chacune, pour engrener, aussi chacune, avec les poulies Y, Z de chacun des vargues, & une *poulie-roue* de cent huit lignes de diametre, pour engrener avec la *poulie-pignon* 1 [*Fig.* 3] (*a*).

III. Ces trois piéces seront percées quarrément au centre, & avant d'être travaillées elles seront présentées à l'arbre qui doit les porter. Chacune des deux premieres pourra être un cylindre de bois de trois pouces deux lignes de diametre, sur trois ou quatre pouces de hauteur, afin que la poulie de trente lignes de diametre, ouverte sur cette piéce selon la méthode ci-dessus (*b*), se maintienne d'équerre avec l'arbre.

Pour le même effet, on joindra à la *poulie-roue* de cet arbre un cône

(*a*) Chap. I, Art. II, N.° II, IV & VIII de cette troisiéme Partie.

(*b*) Troisiéme Partie, Chap. I, Art. IV.

cône tronqué renversé, à-peu-près, comme aux poulies des fuseaux dont on a parlé dans le § précédent N.° III.

La *poulie-pignon* répondant à la *poulie-roue* du vargue inférieur, sera placée sur l'arbre de façon que sa gorge soit à six ou sept pouces de distance de la pointe du pivot de cet arbre. La *poulie-roue* aura sa gorge distante de cette pointe de deux pieds trois pouces : enfin la seconde *poulie-pignon* aura la sienne élevée au-dessus de cette même pointe de quatre pieds un pouce.

IV. Il faut un petit chariot contre-poids pour la corde par laquelle engrenera la *poulie-pignon* 1 [*Fig.* 3] avec la *poulie-roue* de ce second arbre.

On pourra le faire double, & en coulisses qui joueront dans un canal : le tout sera dans la même forme (dimensions à part) que la planche O O & ses petits chariots [*Fig.* 1 & 8].

Pour cela il faudra 1.° assembler la traverse D F [*Fig.* 1.re] avec sa correspondante D F [*Fig.* 2], c'est-à-dire, la traverse D F du troisiéme étage, avec sa pareille dans le quatriéme, par un montant droit de deux pouces de largeur ou de face, douze ou quinze lignes d'épaisseur, sur la hauteur qui se trouvera entre ces deux étages (*a*); un montant pareil sera mis entre les traverses C E & C E [*Fig.* 1.re & 2] entre les mêmes étages. Ces montans y seront posés de façon que le plan vertical qui passeroit par le milieu de leur largeur, seroit distant du plan vertical, dans lequel seroient les faces intérieures des montans E, F, de dix pouces six lignes.

2.° Il faut assembler à tenons, à ces deux montans, une traverse d'un pouce d'épaisseur, & de deux pouces de largeur, la largeur

(*a*) Ces deux étages peuvent être représentés par le second & troisiéme étages des traverses qui joignent les montans C, E (*Fig.* 3).

par dessus. Auparavant, sur les rives de cette traverse, seront placées, comme sur la planche en O O [*Fig.* 1.re], des tringles de six lignes en quarré, creusées par dessous de trois lignes de hauteur & de largeur sur toute la longueur, pour recevoir les languettes des petites planchettes qui porteront chacune une poulie comme dans cette même planche O O.

3.° Cette traverse, assortie de ses coulisses, ou petits chariots, portera, de part & d'autre, dans les montans dont on vient de parler; & y sera mise de façon que les gorges des poulies de ces petits chariots soient dans le même plan horizontal avec la corde à laquelle ils doivent servir de contre-poids.

4.° Le crochet auquel tiendra la corde de chaque chariot, sera tourné du côté du montant qui lui répond, ensorte qu'en faisant un trou dans le montant pour passer la corde, & conduisant cette corde par dessus une petite poulie pareille à celle O [*Fig.* 1.re], & placée à l'extérieur du montant, le poids qui y sera attaché, tirera le chariot du côté de ce même montant (*a*).

§. 4.

Des quatre Arbres horizontaux & des piéces qu'ils doivent porter.

I. L'arbre horizontal, auquel seront les fusées 2 & la poulie Y [*Fig.* 8.], sera aussi de fer, & aura *trois pieds trois pouces de longueur.* Il sera de différente grosseur dans ses parties; savoir, depuis le milieu de sa longueur, & sur quatorze pouces de part & d'autre de ce milieu, (c'est-à-dire, sur une longueur de vingt-huit pouces en tout) il sera de dix lignes en quarré d'épaisseur; depuis là, & sur une longueur de part & d'autre de quatre pouces & demi, il sera de huit lignes & demie en quarré d'épaisseur; le surplus, qui sera d'un pouce

(*a*) Voyez le bas de la Figure 8.

de longueur à chaque extrémité, ſera tourillonné enſorte que ces tourillons aient ſix lignes au moins de diametre.

II. Si l'on veut monter cet arbre entre deux pointes ſur le tour, comme il conviendra de faire ſoit pour le dreſſer, ſoit pour y travailler les piéces qu'il doit porter; il faudra que le Serrurier faſſe aux baſes des tourillons, des enfoncemens coniques, pour loger les pointes du tour.

III. Au milieu de ſa longueur ſera placée la poulie de 125 (*a*) lignes de diametre.

Afin que cette poulie ſe maintienne bien à angle droit avec ſon arbre & au milieu de ce même arbre, il faudra, de part & d'autre, joindre à la planche d'un pouce ou dix lignes d'épaiſſeur qui la formera, un cylindre de quatre ou cinq pouces de diametre, ſur huit pouces à huit pouces & demi de longueur, à-peu-près comme on a dit (*b*) qu'il falloit faire aux grandes poulies M [*Fig.* 3], pour les maintenir de même à angle droit ſur leurs arbres. Ces cylindres pourront ſervir de bobines à la corde du tour lorſque l'arbre y ſera monté.

IV. A chacune des autres baſes de ces deux cylindres, ſera accollée la baſe la plus grande d'un cône tronqué, qui aura ſix pouces & demi de hauteur ou longueur, dont la grande baſe accollée au cylindre, ſera d'environ ſept pouces huit lignes de diametre étant travaillée, & dont la petite ſera de vingt-neuf à trente lignes étant auſſi travaillée. C'eſt ſur chacun de ces cônes tronqués qu'on ouvrira les onze poulies, dont les diametres ſont marqués dans la table à la fin du N.° V de l'Article III du premier Chapitre de cette Partie, & ſuivant ce qui a été dit à l'Art. IV de ce même Chapitre, pour le travail de toutes ces poulies.

(*a*) Part. III, Chap. I, Art. I, N.° VIII.

(*b*) Chap. III, Art. I, § 2, N.° III de cette Partie.

V. Il va ſans dire que pour ce Moulin, qui eſt à deux vargues, il faut quatre de ces arbres horizontaux, tous égaux, & qui porteront chacun les piéces ci-deſſus; c'eſt-à-dire, qu'il en faut deux pour chacun des vargues (*a*).

VI. Les tourillons de ces arbres tourneront dans des pitons de fer [*Fig.* 8] qui feront leurs appuis; les queues de ces pitons feront viſſées, traverſeront les épaiſſeurs des montans, & y feront affermies par leurs écroues à plaquettes quarrées de fer, qui porteront contre les faces intérieures des montans.

VII. Les pitons des deux arbres du vargue inférieur, feront poſés les uns en devant, les autres du derriere du Moulin, ſur les faces extérieures des montans A, B & C, D [*Fig.* 2 & 8], enſorte que leurs centres ſoient à dix-huit pouces ſix lignes de hauteur, à compter du plancher par terre. Ceux du vargue ſupérieur feront aux mêmes montans, & ſur les mêmes faces, à cinq pieds un pouce & demi du même plancher.

VIII. Un coup d'œil ſur le contre-poids 6 [*Fig.* 3] fera voir où & comment il faudra placer dans chacun des vargues le contre-poids de la corde qui menera les poulies & les arbres dont on vient de parler (*b*).

§. 5.

Emplacement des contre-poids des cordes des fuſeaux.

LES deux planches pareilles à celle O O [*Fig.* 1.re], feront, pour les deux vargues, placées & aſſurées en devant des montans C, D, ſur des chevilles ou conſoles, & à telle hauteur chacune, que les gorges des poulies de ſes petits chariots, ſoient dans un même

---

(*a*) Voyez les poulie Y, Z & les fuſées 2 (*Fig.* 3).

(*b*) Voyez ci-deſſus pages 37 & 38.

plan horizontal avec la corde à laquelle ils doivent ſervir de contre-poids.

ARTICLE II.

Des Fuſeaux, Bobines & Couronnelles.

I. Les bobines à placer ſur les fuſeaux doivent être plus longues que celles du Moulin décrit ; mais il eſt eſſentiel de laiſſer leurs baſes à un pouce de diametre chacune, afin de pouvoir, en mettant les fuſeaux à trois pouces de diſtance les uns des autres, en placer, dans leurs rangs, le double de ce qu'il s'en place ordinairement. La hauteur de cette bobine ſera de quatre pouces : le fuſeau qui la recevra aura la forme de celui [*Fig.* 4]. Il aura douze pouces quatre lignes de longueur totale ; ſavoir, 1.° *quatre pouces* de ſon pivot à ſon *cuivrot* c ; 2.° *Un pouce quatre lignes* delà, en haut de ſon collet *b* ; 3°. *Huit lignes* delà au haut de ſon embaſe *d* ; 4.° Enfin *ſix pouces quatre lignes* de cette embaſe à ſon extrémité ſupérieure ; & cette derniere partie ſera la branche qui recevra la bobine & ſa couronnelle [*Fig.* 5 *& 6*]. A l'égard de ſon épaiſſeur, il eſt bon qu'à deux pouces au-deſſus du pivot, elle ſoit d'environ ſept lignes, pour rendre cette partie du fuſeau plus peſante. Cette épaiſſeur ira delà en diminuant vers le pivot & vers la partie ſupérieure ; enſorte qu'à quatre pouces au-deſſus du pivot, c'eſt-à-dire, à l'endroit où le Fondeur placera un morceau de cuivre pour y ouvrir la poulie, cette épaiſſeur ſoit réduite à trois lignes : cela donnera le moyen de faire cette poulie d'un petit diametre, ce qui eſt eſſentiel ; car il faut ſe ſouvenir qu'une ligne d'augmentation ſur le diametre de celle-ci, en donnera vingt-quatre ſur celui de la poulie M [*Fig.* 3] (*a*). Il faut ſe ſouvenir encore, que le diametre d'une poulie ſe prend entre les deux parties oppoſées de l'axe de la corde qui l'embraſſe, & que par la

(*a*) Voyez le N.° II de l'Art. I, Chap. I de cette Partie.

forme que doit avoir cette poulie, quand en ſortant des mains du Tourneur, elle n'auroit que quatre lignes & demie de diametre; elle en aura ſept à huit, lorſque la corde y ſera, ainſi qu'on l'a dit ci-deſſus (*a*).

Dans le bois de la couronnelle (qui doit être d'un diametre un peu moindre que celui de la baſe de la bobine) on pourroit couler un peu de plomb ſi on ne la trouvoit pas aſſez peſante.

ARTICLE III.

Des Guindres.

I. L'ARBRE de chacun des quatre guindres d'un vargue, aura trois pieds quatre pouces de longueur. Si l'on craint que des guindres de cette grandeur, ne tournent pas aiſément ſur leurs tourillons & appuis de la planchette dont on a parlé ci-deſſus page 51. Lorſqu'il s'agira de doubler ou tripler la ſoie du premier apprêt, pour la préparer au ſecond; voici ce qu'il faudra faire.

Le Tourneur, avant de dreſſer cet arbre ſur le tour & d'y travailler les tourillons, &c. fera entrer de force à chacune de ſes extrémités, & à l'endroit qu'il appelle le *centre du bois*, une eſpéce de petite crapaudine de cuivre ſemblable à celles que j'ai décrites dans la note (*b*), page 31. Il les y enfoncera à demeure & juſqu'à fleur du bois; enſuite il travaillera ſon arbre à l'ordinaire entre deux pointes qui ſeront reçues dans les enfoncemens coniques faits aux baſes extérieures de ces petits cylindres.

Je parlerai de ce à quoi ceci nous ſervira pour le dévidage de la ſoie, après que j'aurai donné le reſtant de la conſtruction du guindre.

(*a*) Chap. I, Art. IV de cette Partie.

II. Son arbre doit, ainſi que je le diſois à l'inſtant, avoir trois pieds quatre pouces de longueur ; ſavoir, 1.° huit lignes de longueur pour monter la poulie V [*Fig.* 3], que nous avons trouvé ci-deſſus (*a*) devoir être de ſept pouces de diametre, & qui eſt ſuppoſée avoir *huit lignes* d'épaiſſeur.

	pieds.	*pouces.*	*lig.*
ci	0	0	8.
2.° Delà au collet, auquel le premier montant doit ſervir d'appui, *quatre pouces quatre lignes*, ci .	0	4	4.
3.° Épaiſſeur du montant, ou longueur du collet, *un pouce*, ci	0	1	0.
4.° Delà au milieu de l'épaiſſeur du premier croiſillon, pour porter les lames, *huit pouces ſix lignes*, ci	0	8	6.
5.° Delà au milieu du ſecond croiſillon, *quinze pouces*, ci	1	3	0.
6.° Delà au tourillon, *neuf pouces & demi*, ci . .	0	9	6.
7.° Longueur du tourillon, ou épaiſſeur du ſecond montant où il doit être appuié, *un pouce*, ci . .	0	1	0.
TOTAL	3	4	0.

III. L'épaiſſeur de cet arbre ſera de dix-huit lignes en quarré, & l'on conçoit aiſément qu'il ne faut pas travailler au tour cet arbre, mais ſur-tout ſes tourillons & collets, que les montans qui doivent leur ſervir d'appuis, ne ſoient poſés, percés (ainſi qu'on va le dire) & préparés à les recevoir : on y préſentera ces tourillons lorſqu'on les travaillera ; & on fera enſorte qu'ils y tournent bien librement, ſans cependant y entrer trop facilement & y être logés trop gaiement.

VI. Il faudra percer au tour les trous ronds qui, dans les montans, doivent ſervir d'appuis, & les percer tous avec le même outil. La

(*a*) Chap. I, Art. II, N.° VIII de cette Partie.

langue de ſerpent, d'un pouce de largeur, étant à un mandrin monté à la lunette du tour, (& dont nous avons parlé à la page 96, N.° XV), ſervira à merveille pour cela.

V. Nous avons dit ci-deſſus (*a*) que la diagonale du guindre ſeroit de *dix pouces ſept lignes ſix points*; ainſi les bras des croiſillons y ſeront proportionnés.

VI. Les eſpéces de régles de bois, que j'ai appellées *lames des guindres*, auront chacune *un pouce & demi de largeur*, *trois lignes & demie d'épaiſſeur*, *& deux pieds & demi de longueur;* elles ſeront arrondies ſur le dos, c'eſt-à-dire, ſur le côté qui recevra la ſoie.

VII. Pour diminuer la portée des lames entre les croiſillons, on vient de fixer (N.° II ci-deſſus) la poſition de ces croiſillons de façon que cette portée n'eſt que de la moitié de la longueur de la lame; ainſi l'ouvrier aura l'attention, en poſant ces lames, de les faire déborder les croiſillons, de part & d'autre, de ſept pouces ſix lignes.

VIII. Les deux lames, qui auront ſous elles des clefs (*b*), ſeront mobileschacune par deux boutonnieres placées aux endroits des croiſillons. Chaque boutonniere pourra être de cinq lignes de hauteur, ſur deux & demie de largeur.

IX. Il eſt eſſentiel que les guindres ſoient d'une même diagonale tous, & dans toute leur longueur; ainſi l'ouvrier fera enſorte que les clefs placées, les arrêtes extérieures des lames oppoſées, ſoient avec préciſion & dans toute leur longueur, à la diſtance de la diagonale ci-deſſus déterminée.

§. I.er

(*a*) Chap. I de cette Partie, Art. I, N.° III.

(*b*) Voyez ci-deſſus page 35.

§. 1.er

Construction du Métier à dévider ou doubler la Soie pour la préparer au second apprêt.

Le petit métier propre à dévider ou doubler la soie, pourra, en conséquence de ce qui a été dit en commençant cet article des guindres, être construit de cette sorte :

Un petit banc formé d'une planche de chêne de *trois pieds de longueur, sur huit ou neuf pouces de largeur, deux au moins d'épaisseur*, & élevé sur ses quatre pieds d'environ *dix pouces*, portera à chacune de ses extrémités, un pied droit ou montant de même bois & de même épaisseur, sur *quatre ou cinq pouces* de largeur, & *trois pieds dix pouces* de hauteur.

Ces montans seront, par le haut, assemblés l'un à l'autre par une traverse de même (*a*) ; ensorte que le banc avec sa traverse & les deux montans, formera une espéce de chassis quarré-long & perpendiculaire.

Dans l'intérieur de ce chassis, à *neuf pouces* de distance de chaque montant, & au milieu de la largeur du banc, sera placée droite une pointe de fer pareille à celle des poupées des Tourneurs. Deux autres pointes aussi de Tourneur, mais *à vis*, seront placées dans la traverse, ensorte que chaque *pointe à vis* corresponde perpendiculairement à la sienne fixée à la surface supérieure du banc, & le métier à dévider sera construit.

On conçoit que lorsqu'on voudra s'en servir, on y pourra monter un ou deux guindres chargés d'écheveaux de soie du premier apprêt ; & cela en plaçant leurs arbres chacun entre sa paire de pointes re-

(*a*) On pourroit assembler cette traverse à clefs, en faisant les deux montans un peu plus longs, afin que leurs tenons puissent déborder la traverse suffisamment pour cela : voyez les tenons F, F (*Fig.* 3).

çues dans les enfoncemens coniques des petits cylindres de cuivre dont nous avons parlé. Les guindres de cette ſorte tourneront avec autant de facilité que la girelle la plus légere ; & il ſera facile de tirer de deux, trois, ou quatre écheveaux montés ſur un même guindre, deux, trois, ou quatre fils ; de les aſſembler, & de charger de ce fil double ou triple, la bobine montée ſur l'eſcaladou ordinaire. Deux Dévideuſes pourroient, étant placées l'une vis-à-vis de l'autre, & ayant le métier entr'elles, y travailler en même-tems ; puiſqu'elles y auroient chacune leur guindre. Et ſi je ne craignois qu'on ne m'approuvât pas de donner ici des deſcriptions de machines que je n'ai ni exécutées, ni mis à l'épreuve, j'aurois bientôt (en ajoutant quelque choſe au petit métier dont je viens de parler) donné le moyen à une ſeule de ces Dévideuſes, de charger de ce fil double ou triple, pluſieurs bobines à la fois.

ARTICLE IV.

Conſtruction du Va-&-vient.

IL y aura un *va-&-vient* dans chacun des vargues. Cette partie du Moulin, quelqu'importante qu'elle ſoit, ne comprendra que de l'ouvrage du Tourneur ordinaire, ainſi l'exécution n'en ſera pas chere ; elle demande cependant, pour être d'un mouvement aiſé & régulier, d'être bien conçue, & de l'attention dans l'ouvrier : auſſi ne me contenterai-je pas de renvoyer à ce que j'en ai dit à la *page 41 & ſuivantes* : j'entrerai ici dans des détails qui, je l'eſpere, ne laiſſeront rien à déſirer, ſoit ſur la conſtruction même, ſoit ſur la théorie de cette conſtruction.

§. I.er

Cylindre du Va-&-vient *& ſes dimenſions.*

I. LE cylindre *l m* du *va-&-vient* [*Fig.* 3] ſera de dix-ſept pouces de longueur en tout, & y compris ſes tourillons de fer qui ſeront de ſix lignes chacun. Ces tourillons ſeront aſſez forts pour qu'on puiſſe travailler le cylindre au tour, auſſi bien que la poulie qui y ſera enarbrée.

II. Cette longueur ſera partagée comme il ſuit : il y aura cinq pouces de diſtance de la gorge de la poulie *q*, à l'une des extrémités du cylindre, y compris, comme on a dit, le tourillon de ce côté ; il y aura par conſéquent douze pouces de diſtance de la même gorge à l'autre extrémité, y compris pareillement le tourillon de cet autre côté.

III. Le diametre du cylindre ſera d'un pouce & demi au moins, ſur ſept à huit pouces de longueur depuis la poulie en allant vers *l* (*a*) ; ſa groſſeur dans les autres parties eſt indifférente.

§. 2.

Rapport des diametres des deux Poulies du Va-&-vient.

I. Cette poulie du cylindre ſera de huit ou neuf lignes d'épaiſſeur ; ſon diametre ſera à celui de ſa *poulie-pignon* (qu'on ouvrira ſur l'arbre même du guindre P *Fig.* 2) , à-peu-près, comme 5 eſt à 1 ; c'eſt par-là que le mouvement du *va-&-vient* ſera imperceptible, & qu'il promènera inſenſiblement la ſoie ſur différens endroits des guindres ; puiſque ſa vîteſſe ſera cinq fois moindre que celle du guindre P, lequel tournera déjà lui-même fort lentement.

J'ai dit, *à-peu-près* comme 5 eſt à 1 ; car ſi les poulies étoient préciſément en cette raiſon, à chaque cinq tours du guindre, le fil de ſoie reviendroit ſur les mêmes points. L'écheveau ſeroit, par conſéquent, compoſé de cinq autres petits écheveaux. Je ſais qu'au moulinage cela n'eſt pas ſujet aux mêmes inconvéniens qu'au tirage de la ſoie

(*a*) Il ſeroit bon que du moins cette partie fut en bois de cornouiller.

des cocons; puiſqu'au moulinage la gomme de la ſoie n'eſt plus en fuſion; mais comme il eſt extrêmement facile d'y parer, (puiſqu'il ne s'agit que de prendre pour termes de cette raiſon des nombres *premiers entr'eux*), on auroit tort de ne pas le faire.

On ſait que les nombres *premiers entr'eux* ſont ceux qui n'ont d'autres commune meſure, d'autre diviſeur commun, que l'unité; ainſi en faiſant, par exemple, la poulie *o* du guindre P [*Fig.* 2 & 8] de quinze lignes de diametre; aulieu de faire de *cinq fois quinze*, c'eſt-à-dire, de 75 *lignes*, le diametre de celle enarbrée au cylindre; on le fera de 77 *lignes*. 77 n'a d'autre diviſeur commun avec 15, que l'unité; ainſi ce ne ſera qu'après 77 tours que la ſoie reviendra ſur les mêmes points (*a*).

§. 3.

Poſition du Cylindre, ſon élévation, & celle des Tringles des guides.

I. LE cylindre tournera ſur ſes tourillons, qui auront leurs appuis dans les poupées ou piliers *r*, *s* [*Fig.* 3] placés au milieu de la largeur du Moulin [*Fig.* 2], ſur les deux des quatre dernieres traverſes dont il a été parlé dans le Chapitre précédent, Art. II, § 2, N.° IV, enſorte que ſa poulie ſera en devant des deux montans où ſeront les appuis des tourillons des deux guindres les plus près de la tige du Moulin.

(*a*) On remarquera même que les diametres des poulies étant dans le rapport de 15 à 77, il n'y aura rien à riſquer de l'effet des variations de l'atmoſphere ſur les cordes; car 77 eſt moyen entre 76 & 78 : or s'il peut arriver, par les variations de l'atmoſphere, que les poulies ſoient entr'elles comme 15 eſt à 76, ou comme 15 eſt à 78, cela arrivera ſans le moindre inconvénient, il eſt aiſé de le prouver.

1.° 15 & 76 n'ont pas plus de diviſeur commun que 15 & 77; ainſi ce ne ſeroit qu'après 76 tours que la ſoie reviendroit ſur les mêmes points.

2.° 15 & 78 ont à la vérité un diviſeur commun autre que l'unité, qui eſt 3; mais 3 ſe trouve cinq fois dans 15, & vingt-ſix fois dans 78; & ces nombres de fois 5 & 26, ſont premiers entr'eux; il en réſulte que ce ne ſeroit qu'après 26 tours du guindre que la ſoie reviendroit ſur les mêmes points : or quel ſeroit l'inconvénient, ſur-tout au moulinage, qu'un écheveau d'un pouce de largeur fut compoſé de 26 petits écheveaux particuliers, qui n'auroient pas une demi-ligne de largeur chacun?

II. Ce cylindre y fera placé de forte, 1.° que la gorge de fa poulie, celle *o* du guindre P, & celle du petit chariot contre-poids T [*Fig.* 8] foient toutes dans le même plan. 2.° Ses tourillons feront élevés fur leurs poupées ou appuis, enforte que toutes les parties du *va-&-vient* montées, les boucles des guindres fe trouvent dans un plan horizontal élevé de *deux pouces* au-deffus de l'étage de traverfes fur lequel fera le *va-&-vient* (*a*). 3.° Les boucles des guides doivent non-feulement être élevées de deux pouces au-deffus de l'étage; mais encore les confoles *h i* [*Fig.* 2 & 8] qui foutiendront les tringles, feront pofées de façon que les boucles foient diftantes & en avant des montans A, C & B, D [*Fig.* 2] de deux pouces & demi, la faillie de ces boucles comprife; laquelle faillie fera d'un demi-pouce au-delà des tringles *a b*, *c d*. Nous reviendrons à ces tringles après le paragraphe fuivant.

§. 4.

Quelle doit être la hauteur ou longueur du demi-pas de vis double à tracer fur le Cylindre, pour que le Va-&-vient *faffe un écheveau d'une largeur donnée.*

I. Il faut fe déterminer fur la largeur des écheveaux qui fe formeront fur le guindre, celle d'un pouce me paroît fuffifante. Cela pofé, ce qui a été dit précédemment; mais fur-tout ce qui vient de l'être fur l'élévation & pofition des tringles & boucles des guides, nous mettra en état de déterminer la hauteur ou la longueur que doit avoir le demi-pas de vis à tracer fur le cylindre pour former cet écheveau d'un pouce.

Car, d'un côté, il eft certain que *le pourtour du guindre eft à la largeur de l'écheveau qui s'y forme, comme ce même pourtour plus*

(*a*) Voyez les boucles (*Fig.* 3) de la tringle *a b*, élevée au-deffus de l'étage I K, *la diſtance des boucles des guides à la lame du guindre la plus proche de ces mêmes boucles, eſt à la hauteur ou longueur demandée du demi-pas de vis*; &, d'un autre côté, trois termes de cette proportion nous ſont connus; ainſi nous aurons aiſément le quatriéme.

Le premier de ces termes eſt *trente pouces*, puiſque ces trente pouces ſont la longueur à laquelle a été fixé ci-deſſus (*a*) le pourtour du guindre. Le ſecond eſt *un pouce* ou *douze lignes*, auxquelles la largeur de l'écheveau vient d'être fixée. Le troiſiéme eſt *trente-huit pouces & demi*; ſavoir, trente pouces du pourtour du guindre, & huit pouces ſix lignes de diſtance, qui (par la poſition reſpective, & détaillée ci-deſſus, des guindres & des boucles des guides) ſe trouve entre la lame la plus proche des tringles, & les mêmes boucles; ainſi le quatriéme, ou la hauteur cherchée du demi-pas de vis, ſera de 15,4 lignes; car 30 pouces eſt à 12 lignes, comme 38,5 pouces eſt à 15,4 lignes.

REMARQUE.

Je dois m'attendre que dans un ouvrage où j'ai eu pour principe de rendre raiſon de tout, & de ne rien préſenter à faire au hazard, la plûpart des Lecteurs ne me feront pas grace de la démonſtration de ce que je viens d'avancer; je vais eſſayer de la leur donner; mais je les prie de m'aider de leur imagination, n'ayant pas l'avantage de pouvoir leur préſenter une figure faite pour cela en particulier.

A l'égard de ceux des Lecteurs qui trouveront la démonſtration trop longue, je les prierai de faire attention que toute ſimple que cette analogie paroiſſe, elle ne m'a pas été facile à trouver: j'avouerai même que de fauſſes idées là deſſus m'ont caché pendant long-tems le vrai; or pour le faire entendre, ce vrai, à ceux qui n'ont que les images de la machine ſous les yeux, & non la machine même, je n'ai pas cru devoir épargner les explications; *rarement des deſcrip-*

(*a*) Page 69, N.° III.

tions peuvent être suffisamment exactes sans être longues, dit quelque part M. de Réaumur. Il est, au reste, très-aisé à ceux que ces raisons ne satisferoient pas, d'avoir, pour ce qui précéde, la même foi qu'ils ont ordinairement pour ce qui est démontré géométriquement, &, sans s'arrêter ici, de passer au § 5.

Préparation à la Démonstration de l'Analogie ci-dessus.

I. *Pour préparer à cette démonstration j'observerai*, 1.° *que par la seule construction du* va-&-vient, *& l'ensemble de ses parties* [Fig. 2], *il est évident que le chemin fait par les tringles des guides en ligne droite, & parallelement aux axes des guindres, est égal précisément à celui que fait aussi en ligne droite, & parallelement aux mêmes axes, la pointe* n [Fig. 3] *au moyen de la courbe dans laquelle elle marche.*

Il suit delà que le plus grand chemin que pourront faire ces tringles, soit en avant, soit en arriere, sera égal au plus grand chemin que pourra faire cette pointe, soit en avant aussi, soit en arriere; c'est-à-dire, qu'il sera égal à la hauteur ou longueur du demi-pas de vis dans lequel elle marchera.

II. *J'observerai*, 2.° *que la largeur de chacun des écheveaux qui se formeront sur le guindre, dépendra de l'éloignement dans lequel seront les boucles des guides, des lames des guindres; aussi bien que de la longueur du demi-pas de vis; car on conçoit aisément que si l'on allonge le pas de vis, les boucles restant dans le même éloignement des guindres, la largeur de l'écheveau sera augmentée; & qu'au contraire si, le pas de vis restant le même, on met les tringles dans un plus grand éloignement des guindres, cette largeur diminuera, comme elle s'augmenteroit si on les en approchoit.*

III. *Mais j'observe*, 3.° *que cette même largeur, qui dépend de ce qui vient d'être dit, ne dépendra nullement du rapport dans lequel seront les diametres des deux poulies* o *&* q *du* va-vient [Fig. 2]; *car la raiſon de ces diamtres venant à varier, le demi-pas de vis, & l'éloignement des tringles, reſtant les mêmes; la vîteſſe avec laquelle la pointe du* va-vient *& les tringles feront leur chemin, variera à la vérité; mais la longueur de ce chemin reſtera la même qu'elle étoit auparavant: en effet que la pointe marche vîte ou lentement dans ſa courbe, elle arrivera, il eſt vrai, plus vîte ou plus lentement ſur les points extrêmes de cette courbe; mais elle y arrivera, & ne rétrogradera qu'après y être arrivée.*

Il ſuit delà que le double demi-pas de vis, auſſi bien que la diſtance entre les tringles & les guindres, reſtant les mêmes; on pourra ſuppoſer les diametres de ces poulies o *&* q *dans quel rapport on voudra, ſans que la largeur de l'écheveau en reçoive le moindre changement.*

IV. *J'obſerverai en quatriéme lieu que ſi, en conſéquence de ce qui vient d'être dit, on ſuppoſe pour un moment,* 1.° *que le diametre de la poulie* o *eſt à celui de la poulie* q, *comme* un *eſt à* deux; 2.° *qu'avant de mettre le moulin ou les guindres en mouvement, on a placé la pointe* n [Fig. 3] *à une des extrémités de ſa courbe;* 3.° *qu'avant, auſſi, de mettre le moulin en mouvement, on a paſſé un fil de ſoie ſortant d'un des fuſeaux, dans une des boucles des guides, & qu'on a attaché ce même fil à l'une des lames d'un guindre, enſorte que le point de la lame auquel il eſt fixé, le centre de la boucle par laquelle il paſſe, & l'axe de la pointe* n *ſeroient tous dans un même plan vertical qu'on imagineroit, & qui ſeroit perpendiculaire à l'axe du guindre;* 4.° *enfin qu'après cet arrangement on a mit le moulin en mouvement, & qu'on a fait faire à la lame du guindre, à laquelle le fil eſt attaché, une révolution; cette révolution faite,* 1.° *comme la poulie* q [Fig. 2] *eſt ſuppoſée avoir un diametre double de celui de la poulie* o, *le cylindre du* va-vient *n'aura fait que la moitié de ſa révolution pendant la révolution entiere du guindre.* 2.° *Après cette même révolution du guindre, & cette moitié de de celle du cylindre, la pointe* n, *qui étoit partie d'une des extrémités de sa courbe, sera arrivée à l'autre extrémité.* 3.° *Le fil aura décrit sur le guindre une espéce d'hélice quarrée, qui seroit une véritable hélice si le guindre étoit cylindrique.* 4.° *Enfin il sera arrivé sur la lame à laquelle il aura été attaché, mais à un point de cette lame différent du point d'attache.*

Comme en continuant de mettre le moulin en mouvement la pointe rétrograderoit, il est évident que la distance qui se trouvera sur la lame entre les deux points ci-dessus, sera la plus grande possible dans l'état supposé des choses; ainsi cette distance sera égale à toute la largeur que l'écheveau pourra avoir dans ce même état des choses; elle sera donc ce que nous nommerons largeur de l'écheveau.

DÉMONSTRATION.

V. *Maintenant, & pour venir à la démonstration de l'analogie ci-dessus, laissons subsister le rapport d'*un à deux *entre les diametres des poulies du* va-&-vient; *supposons les boucles & tringles des guides paralleles aux guindres, mais dans un éloignement quelconque de leurs lames, & faisons abstraction de la hauteur du pas de vis.*

Les choses étant dans cet état, attachons ou imaginons attaché, 1.° *à un même point de la lame du guindre la plus proche de la tringle, un fil plié en deux, ou deux brins de fil assez longs :* 2.° *passons ces brins pendans, l'un dans une boucle que nous supposerons immobile & non assujettie au mouvement du* va-vient, *l'autre au contraire dans une mobile, & assujettie à ce mouvement; imaginons cependant que les centres de ces deux boucles sont si près l'un de l'autre que les fils se touchent dans toute leur longueur:* 3.° *mettons, ou supposons aux extrémités inférieures de ces brins (& au-dessous de ces boucles) quelque chose de pesant pour les roidir;* 4.° *plaçons la pointe* n *du* va-&-

vient, *ensorte qu'elle réponde précisément à l'extrémité du pas de vis vers la droite, c'est-à-dire, vers le rouage du moulin* [Fig. 3]; 5.° *enfin arrangeons le tout de façon que l'axe de la pointe* n, *le point où les deux fils tiennent au guindre, celui où se touchent les deux boucles dans lesquelles ils sont, & les deux brins mêmes (supposés accolés l'un à l'autre) soient dans un même plan vertical & perpendiculaire aux tringles des guides, à l'axe du guindre, & conséquemment à celui du cylindre du* va-&-vient.

Si toutes choses ainsi préparées, on met le moulin en mouvement, d'abord qu'il y entrera, le fil de la boucle immobile montera sur le guindre sans s'écarter du plan vertical dont on vient de parler; celui de la boucle mobile y montera aussi, mais diagonalement, & en s'écartant du même plan vertical, parce qu'il sera entraîné à la fois par deux forces qui auront leurs directions différentes; savoir, 1.° *par le point de la lame du guindre à laquelle il tient, & qui aura sa direction perpendiculaire à l'axe de ce guindre;* 2.° *par la boucle mobile qui le poussera de droite à gauche, & parallelement au même axe.*

VI. *En second lieu, lorsque le guindre aura fait une révolution, une longueur de fil égale à celle du pourtour du guindre, sera montée de la boucle immobile sur ce même guindre, & y formera un quarré qui sera dans le plan vertical ci-dessus; il sera monté de la boucle mobile sur le même guindre, & diagonalement, comme on a dit, une longueur de fil un peu plus forte; il restera entre la boucle immobile & la lame du guindre où le fil a été attaché, une longueur de fil qui sera toujours dans le plan vertical ci-dessus; il restera une autre longueur de fil entre la boucle mobile & la même lame, & cette longueur-ci sera inclinée au plan vertical.*

VII. *En troisiéme lieu, il y aura (après cette même révolution du guindre) entre la boucle immobile & celle mobile, une distance dont la ligne qui la marqueroit seroit perpendiculaire au plan ci-dessus ; cette distance sera égale à la longueur ou hauteur du pas de vis par la premiere observation ci-dessus* (*a*). *Il y aura sur la lame du guindre la plus proche des boucles, entre le fil de la boucle immobile & celui de la mobile, une distance ; & la ligne de cette distance sera perpendiculaire aussi au plan ci-dessus ; elle sera par conséquent parallele à la ligne de distance des boucles entr'elles. Cet espace entre les fils, sur la lame, sera* la largeur de l'écheveau *par la quatriéme observation ci-dessus* (*b*).

VIII. *Pour peu qu'on y fera attention on concevra que cette largeur de l'écheveau, avec les deux parties de fil dont le guindre s'est chargé par cette révolution, formeroient, si ces parties de fils étoient développées, un triangle rectangle dont le plan seroit peependiculaire au plan ci-dessus : la hauteur en seroit la partie de fil montée de la boucle immobile sur le guindre, & cette hauteur seroit égale au pourtour du guindre ; la base en seroit la largeur de l'écheveau, & la partie du fil montée de la boucle mobile en seroit l'hypothenuse.*

IX. *Fixons donc maintenant ces fils à leurs boucles de façon qu'ils ne puissent plus s'y glisser pour monter ou descendre, & imaginons-nous que les boucles étant & restant toujours dans la même distance l'une de l'autre, la tringle à laquelle elles sont supposées fixées, s'éloigne du guindre parallelement à elle-même, & perpendiculairement au plan vertical ci-dessus......*

Lorsque la tringle se sera assez éloignée pour avoir fait faire au guindre une révolution en sens contraire de la premiere, il est évident, 1.° *que le triangle rectangle ci-dessus se sera développé ;* 2.° *que sa hauteur & son hypothénuse formeront, avec les deux parties de fil restées*

(*a*) Page 119, N.° I.

(*b*) Pages 120, & 121.

entre les boucles & la lame du guindre avant ce développement, & avec la ligne de distance d'une boucle à l'autre, un nouveau triangle rectangle dont le premier sera partie ; 3.° que ces deux triangles, qui ont chacun un angle droit, & un angle commun (savoir, celui dont le sommet est au point d'attache des fils sur la lame du guindre), sont semblables.

X. *Ainsi la hauteur du petit triangle sera à la hauteur du grand, comme la base du petit sera à la base du grand ; or la hauteur du petit est égale au pourtour du guindre* (N.° VI) ; *la hauteur du grand est égale à ce pourtour, plus la longueur de fil, de la boucle immobile, qui faisoit la distance de cette boucle à la lame du guindre la plus proche de la tringle* (N.° VI & IX) ; *la base du petit est la largeur de l'écheveau* (N.° IV & VII) ; *la base du grand est la distance d'une boucle à l'autre* (N.° VII), *laquelle distance est égale à la hauteur du demi-pas de vis* (N.° I) ; *donc* le pourtour du guindre est à ce même pourtour plus la distance de la lame la plus proche des boucles des guides à ces mêmes boucles, comme la largeur de l'écheveau est à la hauteur ou longueur que doit avoir le demi-pas de vis propre à donner cette largeur à l'écheveau.

§. 5.

Tracer le demi-pas de vis sur le Cylindre.

POUR tracer sur le cylindre ce double demi-pas, il faudra, 1.° remettre ce même cylindre sur le tour, & tirer sur la surface de sa partie la plus longue, & à quatre pouces quatre lignes de distance de la gorge de sa poulie, un trait circulaire. Il en faudra tirer un autre à 15,4 (a) lignes plus loin, ou plutôt à seize lignes juste, & toujours en s'éloignant de la poulie. Ensuite, sur chacun de ces traits circulaires & de chaque côté du cylindre, sera marqué un point, ensorte

(a) Page 118, avant la remarque.

que chacun de ces points ſera, dans ſa circonférence, diamétralement oppoſé à l'autre dans la ſienne; & qu'ils ſeront tous deux dans le plan qui paſſeroit par l'axe du cylindre & par l'un de ces points. *Il ſeroit bon auſſi que par chacun de ces points on tirât ſur la ſurface du cylindre deux lignes paralleles à ſon axe.*

2.° A chacun de ces points il faudra ficher une petite pointe fine de fil de fer, attacher à l'une un fil de ſoie, le faire paſſer ſur l'autre en le bandant, delà le conduire & l'attacher à la premiere. Ce fil de ſoie décrira ſur le cylindre le double demi-pas de vis, & marquera la ligne que décrira l'axe de la pointe *n* [*Fig.* 3] du *va-&-vient*, dans ſes allées & venues.

3.° Cette pointe, revêtue de ſon petit cylindre creux de cuivre qui y tournera comme ſur ſon axe (*a*), aura de l'épaiſſeur; ſi l'on ſuppoſe cette épaiſſeur de cinq lignes & demie, il faudra donner ſix lignes environ de largeur au double demi-pas de vis à creuſer daus le cylindre.

4.° pour le tracer, & le creuſer enſuite ſur cette largeur, il faudra à l'un des côtés du cylindre, & parallelement au fil de ſoie, tracer une ligne au-deſſus de ce fil, & une autre au-deſſous, leſquelles en ſeront diſtantes chacune de *trois lignes.* Faiſant la même choſe de l'autre côté du cylindre, on aura le pas de vis tracé; conſéquemment on ôtera le fil de ſoie & les pointes, comme n'étant plus utiles (*b*).

5.° En travaillant ou creuſant dans le cylindre cette eſpéce de courbe, il faudra bien menager ſes bords, & les points de raccorde-

---

(*a*) Page 42.

(*b*) Une languette de papier pliée & bien droite, pourra ſervir de régle pour tirer ces paralleles. Elles doivent ſe raccorder deux à deux, & former un angle au-deſſus & un autre au-deſſous du cylindre, c'eſt-à-dire, aux points de raccordemens. Ces points ſe trouveront dans les lignes paralleles à l'axe que nous venons de dire devoir être tirées ſur la ſurface du cylindre, ſi l'on a bien opéré.

ment des deux demi-pas de vis ; il faudra aussi y présenter souvent la pointe du *va-&-vient*, & creuser de part & d'autre, jusquà ce qu'en tenant la pointe perpendiculairement, & en tournant le cylindre, elle joue aisément dans toutes les parties de la courbe, & s'y enfonce également par-tout : il ne faut pas cependant qu'elle y ait trop de jeu, ni qu'elle touche le fond de cette courbe.

§. 6.

Construction des Tringles des guides.

Par la construction que nous venons d'indiquer du cylindre du *va-&-vient* dans cet article, par son emplacement & celui de ces appuis, marqués au § 3 de ce même article, il est visible que la traverse *e f* [*Fig.* 2] qui joindra les tringles des guides, ne se trouvera pas, comme dans cette Figure, plus du côté des montans A, B, que de ceux C, D ; & qu'au contraire elle traversera la largeur du moulin, précisément par le milieu de la longueur de l'espace compris entre les montans A, B ; C, D. Rien n'empêchera que la traverse *e f* ne soit à cet endroit ; car par la position indiquée ci-dessus (*a*), des petits montans servant d'appuis aux collets & tourillons des guindres, il doit rester entre chaque paire d'appuis des tourillons, un espace d'environ six pouces : or cet intervalle est beaucoup plus que suffisant pour que cette traverse ne soit pas gênée dans ses allées & venues ; puisque les plus longues seront de seize lignes, ainsi qu'il a été dit (*b*).

II. Cette traverse aura trois pieds dix pouces de longueur hors d'œuvre, les vis à ses extrémités non comprises : les tringles des guides qu'elle joindra, auront chacune *sept pieds* ou *sept pieds deux*

(*a*) Pages 88 & 89.

(*b*) N.° 1.° du § précédent.

pouces de longueur; elles ne pourront donc pas, comme dans la Fig. 2, être chacune d'une ſeule piéce; elles pourront encore moins être ſoutenues par deux conſoles ſeules attachées aux montans A, C ou B, D: ainſi elles ſeront chacune de trois piéces; ſavoir, une dans le milieu d'un pouce en quarré d'épaiſſeur, ſur un pied de longueur; & deux autres de huit lignes en quarré d'épaiſſeur, ſur trois pieds un pouce de longueur, en ce non compriſe une partie de deux pouces de longueur, dont chacune entrera dans la piéce du milieu pour faire avec elle une ſeule tringle de la longueur ci-deſſus de ſept pieds deux pouces.

III. Indépendamment des deux conſoles *h h* attachées aux montans A, C & B, D [*Fig.* 2] (*a*), il faudra à quatre pouces de diſtance & à chaque côté du milieu de la face A C & de celle B D du moulin, monter dans l'épaiſſeur de la traverſe de longueur (dans laquelle porteront les tenons inférieurs des montans des guindres), un bout de traverſe ou équerre de bois, dont la branche montante, & qui aura trois ou quatre pouces de hauteur, ſera refendue comme en *i* [*Fig.* 8]: la fente ſera faite aſſez large pour donner paſſage, & ſervir de couliſſe à la piéce du milieu de la tringle; ce ſont les conſoles qui en ſerviront à l'égard des piéces latérales de cette même tringle; enſorte que chaque tringle aura quatre appuis ou couliſſes.

IV. Les deux tringles ſeront jointes dans le milieu de leur longueur par la traverſe *e f* [*Fig.* 2]; mais aulieu d'être viſſée ſur elle-même, comme elle eſt dans cette Figure, à chaque extrémité elle portera un goujon de fer de trois ou quatre lignes d'épaiſſeur & de deux pouces de longueur, lequel ſera viſſé, & ſervira par ſa petite écroue (auſſi de fer & *à main*) à aſſurer chaque tringle contre l'embaſe de la traverſe.

(*a*) Voyez auſſi la Figure 8.

On pourra, ſi l'on veut, (ce que je ne crois pas bien néceſſaire), conſolider cette eſpéce de chariot par deux autres traverſes paralleles à celle *e f*, mais bien plus petites qu'elle, & miſes chacune à environ deux pieds de la premiere; elles ſeront aſſemblées aux tringles par leurs petits goujons de fer viſſés, & de la même façon que la premiere.

V. Il faudra, avant de faire porter la pointe du *va-&-vient* dans ſa courbe, eſſayer ſi le chariot ſe meut aiſément dans ſes couliſſes, & en diminuer les frottemens le plus que l'on pourra: on les diminuera de beaucoup ſi dans le bas de chaque fente ou couliſſe des tringles, on monte, ſur ſon eſſieu de fil de fer un peu gros, une très-petite bobine ou poulie, enſorte que les tringles portent & ſe meuvent ſur ces petites bobines, mobiles elles-mêmes ſur leurs eſſieux.

VI. Pour fixer ſur les tringles les boucles aux endroits où elles doivent être, il faudra, 1.° placer & arrêter les tringles ſur leurs appuis, de ſorte que chaque milieu de leur longueur réponde parfaitement au milieu de la face du moulin, au-devant de laquelle elles ſeront chacune. 2.° Attacher à *quatorze lignes de diſtance* de chaque extrémité d'une lame d'un guindre, un fil qui, par le bas, portera un peu de plomb. 3.° Après avoir paſſé ces deux fils ſur la tringle, on marquera ſur cette tringle les deux points auxquels ils répondent. 4.° Après avoir répété, pour chacun des autres guindres & des parties des tringles qui y correſpondent, les opérations ci-deſſus; on partagera l'eſpace entre chaque paire de points marqués, en *dix-huit* parties égales; ce qui donnera *dix-neuf* points de diviſion, en comptant celui d'où l'on ſera parti; ces points ſeront ceux où l'on fixera les boucles par leſquelles les fils qui doivent former *dix-neuf écheveaux* d'un pouce de largeur ſur chaque guindre, paſſeront. Par cette poſition des boucles, il reſtera entre deux écheveaux environ ſix lignes de vuide, ce qui ſuffira pour paſſer les doigts & lier les écheveaux faits.

ARTICLE

ARTICLE V.

Du Compte-tours.

Le Tourneur qui aura vu quelques horloges en bois, ou qui ſaura ce que c'eſt que des petites roues de bois à dents coniques placées dans les plans de ces roues, ne ſera pas en peine d'exécuter le *compte-tours* ſur ce que j'en ai dit dans la ſeconde Partie, Chap. I.er Art. IV: pour plus d'éclairciſſement cependant, à ce que j'ai dit là j'ajouterai ici (*a*), 1.° que la cage qui renferme ce rouage eſt compoſée de deux planchettes de ſix pouces en quarré chacune, aſſemblées, à une diſtance dans-œuvre d'environ deux pouces & demi, par quatre petits piliers ou boulons de bois de cornouiller, à double embaſe & clavette, & ſemblables à celui de la Figure 7, mais plus petits: on voit les têtes de ces boulons vers les angles du cadran [*Fig.* 3] qui eſt l'élévation d'une de ces planchettes.

2.° Des trous correſpondans les uns aux autres, & faits dans les deux planchettes, ſervent d'appuis aux tourillons des arbres horizontaux des petites roues dont on a parlé à l'endroit qui vient d'être cité; & pour les empêcher de tourner dans d'autre tems que celui de l'engrenage avec les dents de fil de fer, on a fixé dans la planchette de derriere, & à ſon intérieur, les queues de petits reſſorts qui appuient contre l'embaſe d'un des tourillons de chaque arbre. Ces reſſorts ſont des petites branches de fil de fer battu à froid. L'arbre de la roue du cadran qui porte l'aiguille d'un côté, porte de l'autre, par derriere, & en dehors de la boëte, une manivelle de fil de fer qui ſouleve le marteau pour le faire battre ſur le timbre.

3.° Cette machine reçoit le mouvement, comme on l'a dit, par

(*a*) Voyez une ſeconde fois l'article cité, avant de lire ce qui ſuit.

un cordon ſans-fin de ſoie : ce cordon partant d'une petite poulie ouverte ſur l'arbre d'un guindre, (comme on le voit en la Fig. 3), va traverſer la table ſupérieure de la cage des guindres par une ouverture qui y eſt faite de trois lignes de largeur, ſur un pouce & demi de longueur; delà il va ſe rendre dans la gorge de la petite poulie du cylindre auquel eſt fixée la premiere dent de fil de fer. Le cordon, en faiſant tourner ce cylindre, met en jeu toute la machine.

4.° Ce même cordon a ſon petit chariot contre-poids comme les autres. Il joue dans une ouverture horizontale de trois lignes de largeur faite dans la planchette de derriere, vers le bas de cette planchette. La corde du poids qui répond à ce chariot, eſt d'abord conduite du crochet du chariot, au-deſſous, & dans la gorge d'une petite poulie fixée à l'extrémité gauche de l'ouverture faite dans la planchette de derriere; enſorte que cette poulie ſe trouve, avec cette ouverture, ſur une même ligne horizontale: delà, cette corde paſſe au-deſſus & dans la gorge d'une autre petite poulie fixée vers le haut du même côté gauche de cette planchette de derriere : c'eſt à cette derniere poulie que le poids eſt ſuſpendu : il produit ſon effet en tirant (moyennant ſa corde qui paſſe ſous la premiere poulie dont on vient de parler) le petit chariot horizontalement, & de droite à gauche.

Les gorges de ces deux poulies, auſſi bien que la gorge de celle que porte le petit chariot, ſont dans un même plan vertical, & leurs axes ſont perpendiculaires à l'intérieur de la planchette de derriere.

5.° Il ſe trouve, derriere la planchette du devant (qui eſt celle du cadran), un petit aſſemblage en bois, que voici :

C'eſt une ſemelle qui, de part & d'autre, déborde la planche du cadran, ainſi qu'on le voit au bas de cette planche [*Fig.* 3]. Dans cette ſemelle ſont fixés deux petits pieds-droits ou montans, qu'on ne peut pas voir dans la Figure, & qui ont pour hauteur celle de la planchette du cadran. Les quatre boulons traverſent ces montans, & leurs premieres clavettes portent contre: par-là, ce petit aſſemblage eſt joint à la machine, & fait corps avec elle.

6.° Les parties de la ſemelle qui débordent de part & d'autre la planche du cadran, ſont percées; & deux trous correſpondans à ces ouvertures, ſont faits dans la table ſupérieure du chaſſis des guindres; enſorte qu'en paſſant par-là des vis à têtes, & les faiſant engrener avec leurs écroues à main par deſſus la ſemelle (ainſi qu'on le voit *Fig.* 3), on fixe le *compte-tours* à cette table ſupérieure.

7.° Je ne vois rien à ajouter à ce que je viens de dire, pour faire le *compte-tours* du Moulin à deux vargues, ſi ce n'eſt que comme ce rouage doit être placé bien plus haut qu'il n'eſt au moulin décrit, il faut le faire bien plus grand. On ne riſque rien de donner un pied en quarré à la planche du cadran, & autant à celle de derriere, pour former la boëte : la machine n'en ſera que quatre fois plus aiſée à faire; puiſque les roues & les dents s'aggrandiront proportionnellement.

OBSERVATION.

Il ne faut employer à la charpente du Moulin que du bois bien ſec; celui des piéces qui ſeront à travailler au tour ſera, avec cela, le plus dur. On fera très-bien encore de ne pas ſe contenter de ces deux qualités pour celui-ci, & il ſera bon, après l'avoir débité, de le faire bouillir dans l'eau pendant trois quarts d'heure ou une heure. On le laiſſera enſuite ſécher à couvert & à l'ombre, au moins pendant un mois, avant de le travailler; & l'on ſera ſûr que les arbres des guindres, & les autres piéces qui auront paſſé par là, ne ſe tourmenteront plus.

Si l'on dit que cette opération diminue la force du bois, je répondrai que je l'ai pratiquée autrefois ſans m'être apperçu qu'elle produiſit cet effet ; d'ailleurs les piéces d'un Moulin à ſoie, tel que celui-ci, ont ſi peu de fatigue qu'elles n'ont pas beſoin d'une ſi grande force pour durer très-long-tems. Les fuſeaux ſont les ſeuls qui, à cauſe de la grande vîteſſe de leur rotation pendant le travail du Moulin, ont beaucoup de fatigue ; c'eſt auſſi pour les mettre en état d'y réſiſter, qu'on les fait de fer, & qu'ils ſe meuvent ſur le cuivre. Il eſt eſſentiel aux autres piéces qu'elles tournent toujours *rondement*, comme diſent les Tourneurs : or il y en aura pluſieurs (telles que les arbres des guindres) qui ne le feront pas long-tems ſi l'on n'a pas penſé à ôter au bois qui les compoſe, ce qui eſt cauſe qu'il ſe tourmente. Quelques perſonnes mettent pendant deux ou trois mois d'été le bois dans la riviere, elles le laiſſent ſécher enſuite, pendant un aſſez long-tems, avant de le travailler ; cela produit le même effet.

SECONDE OBSERVATION.

INDÉPENDAMMENT de l'huile dont on ſe ſert dans les machines pour frotter les parties métalliques qui travaillent ſur le métal, & y ont un mouvement vif, & du ſavon dont on frotte celles de bois qui ſe meuvent ſur le bois, il faut faire uſage ici de la réſine pour frotter les cordes & cordons ſans-fin, & les empêcher de couler ſur les poulies.

FIN.

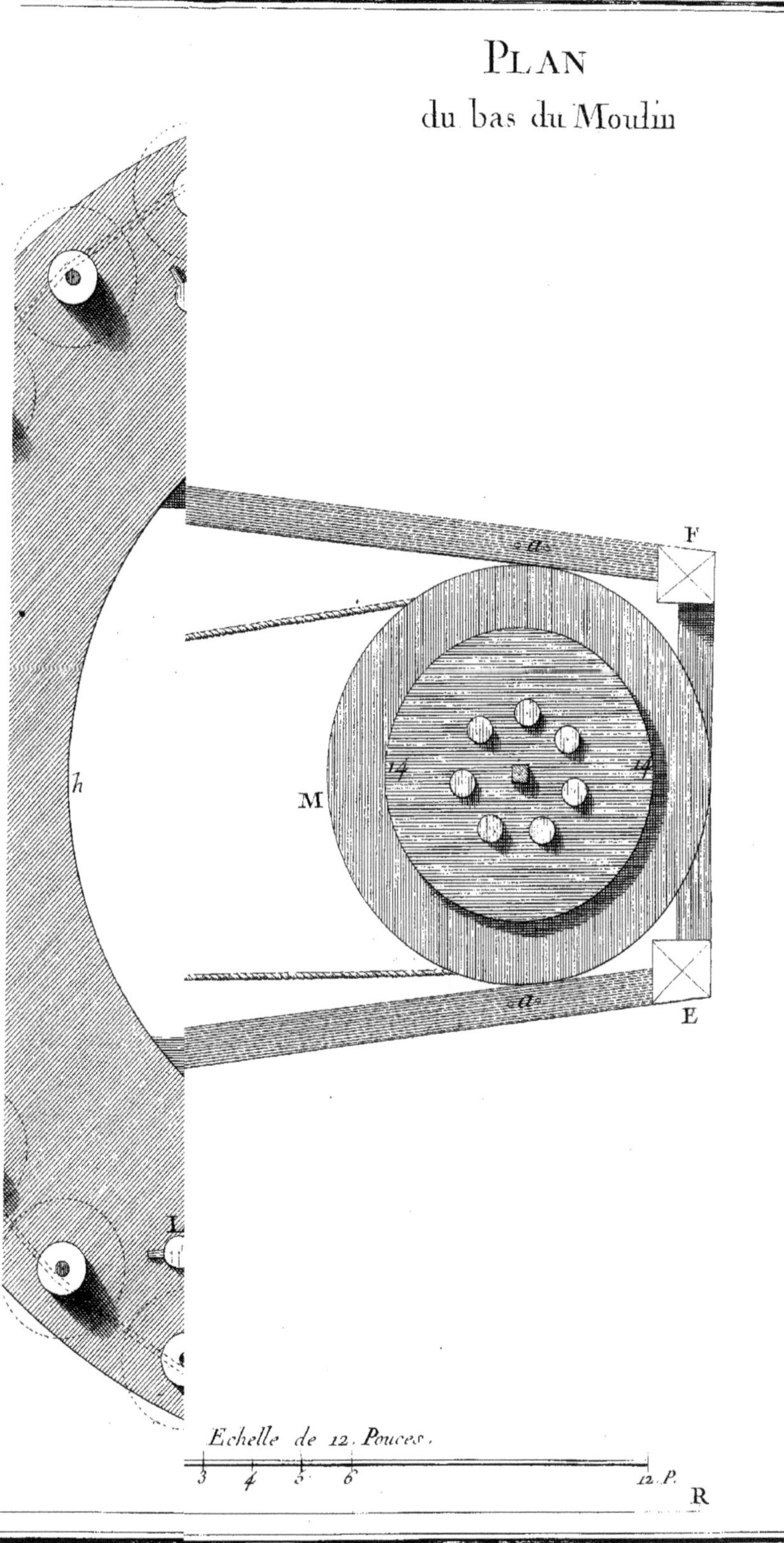
PLAN
du bas du Moulin
F
a
14
14
M
h
a
E
L
Echelle de 12. Pouces.
3
4
5
6
12. P.
R

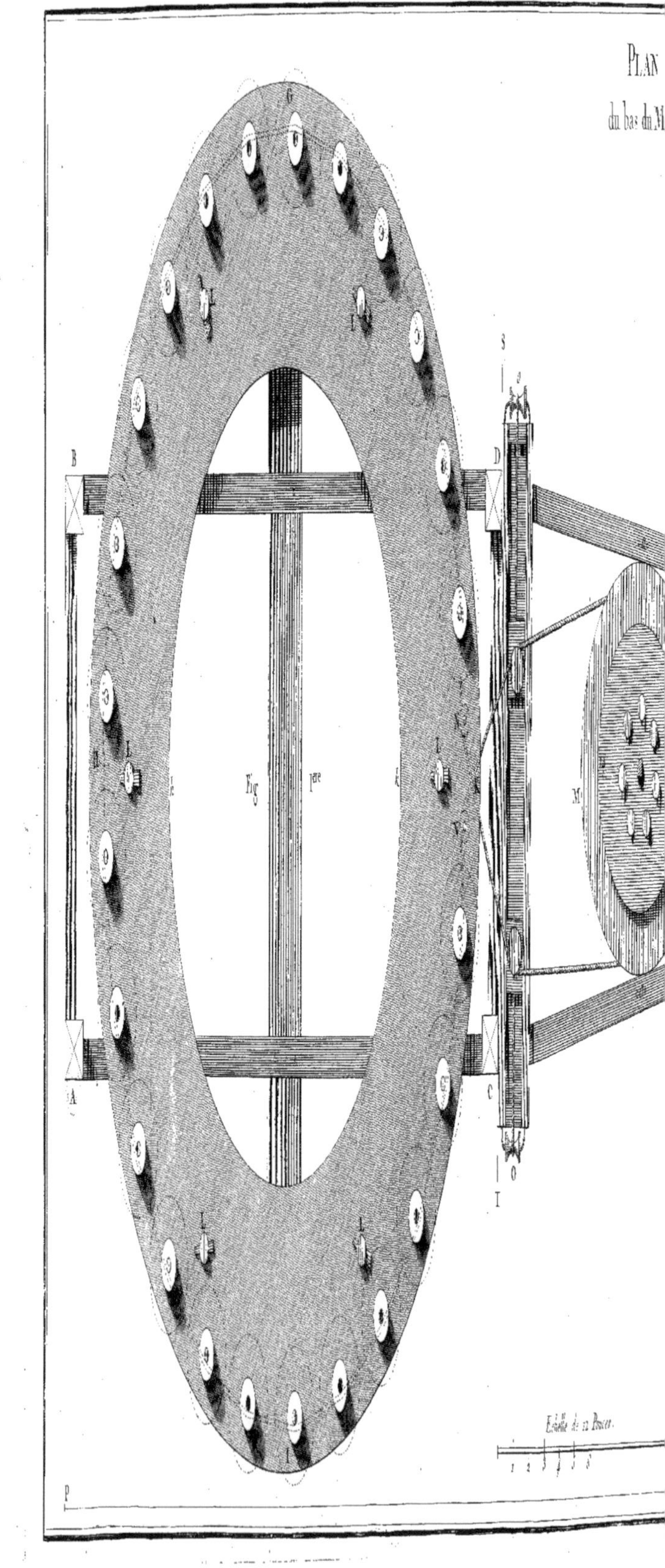
PLAN
du bas du M
Fig 1ere
Echelle de 12 Pouces.

PLAN
du haut du Moulin.

Fig. 2.

Echelle de 12. Pouces.

1 2 3 4 5 6 7 8 9 10 11 12. P.

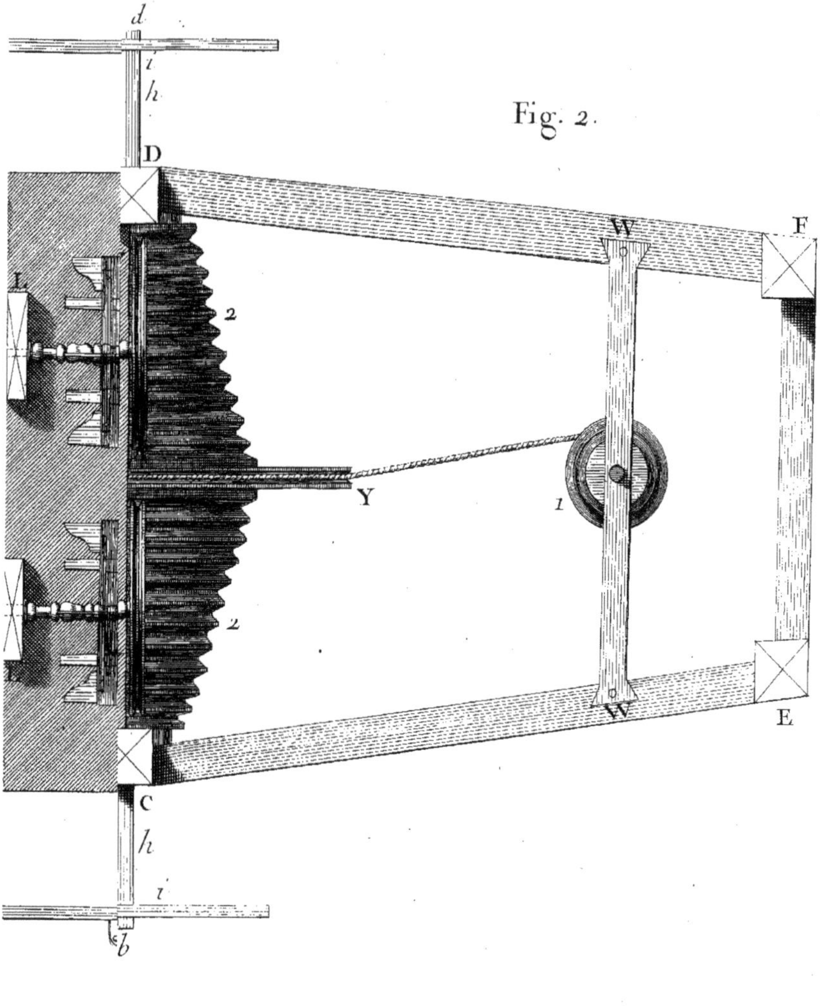

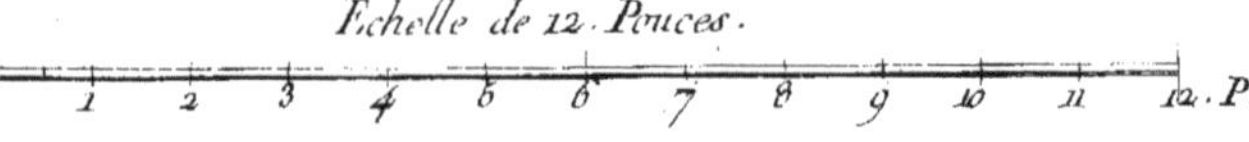

PLAN
du haut du Moulin.

Fig. 2.

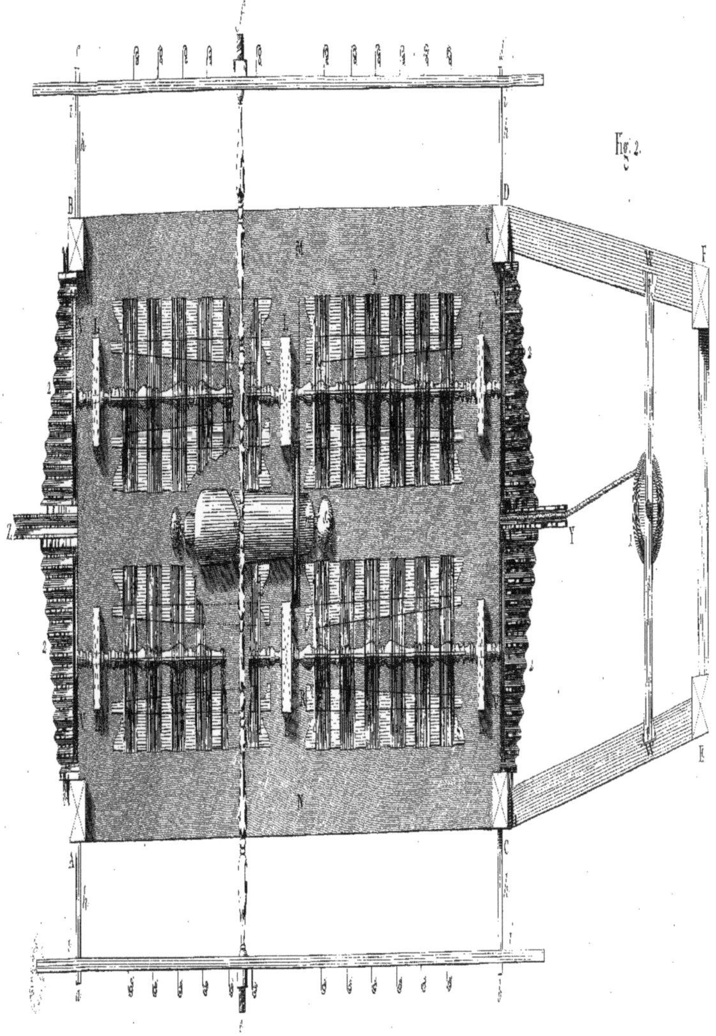

Echelle de 12 Pouces.

1 2 3 4 5 6 7 8 9 10 11 12 P.

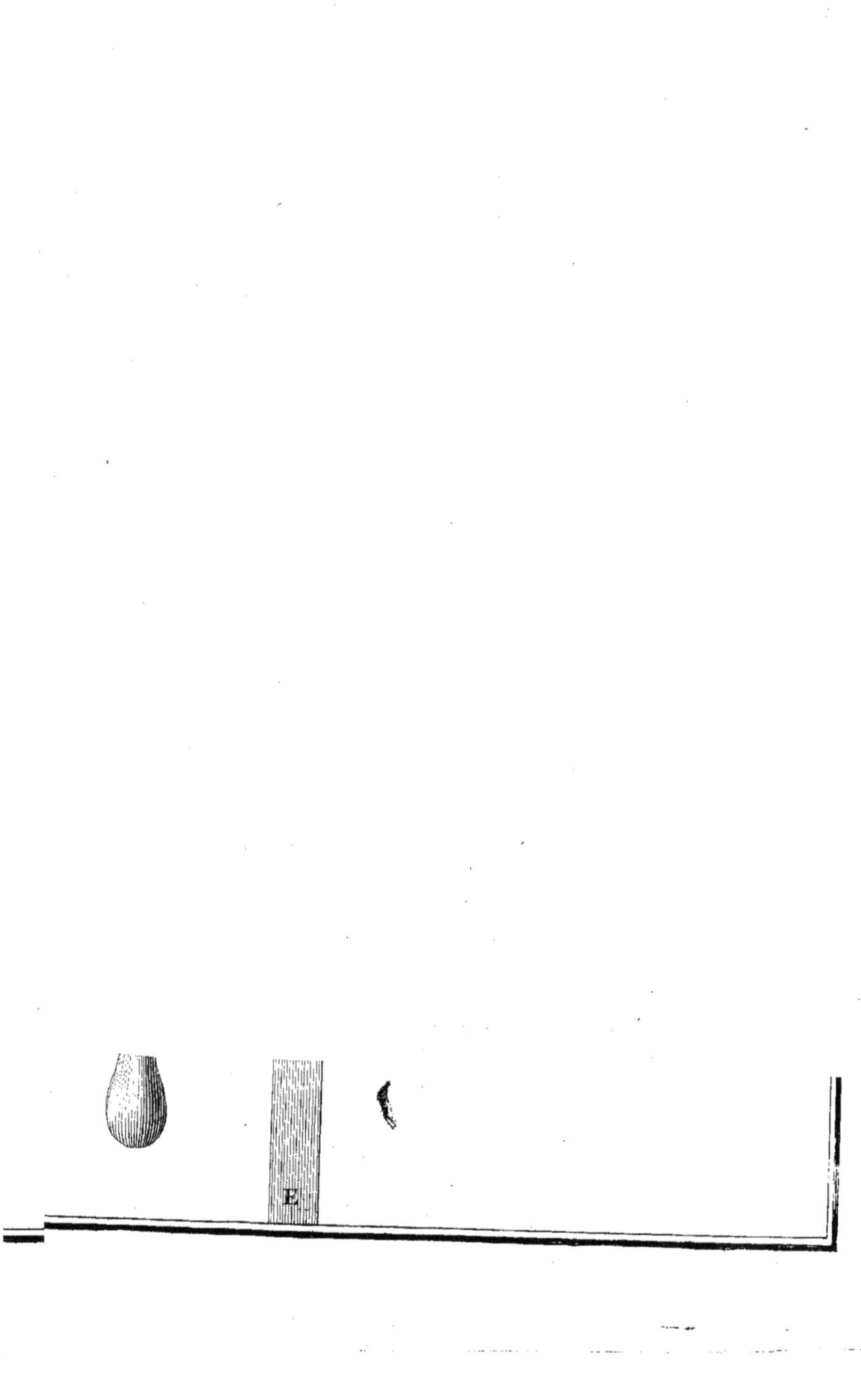
E

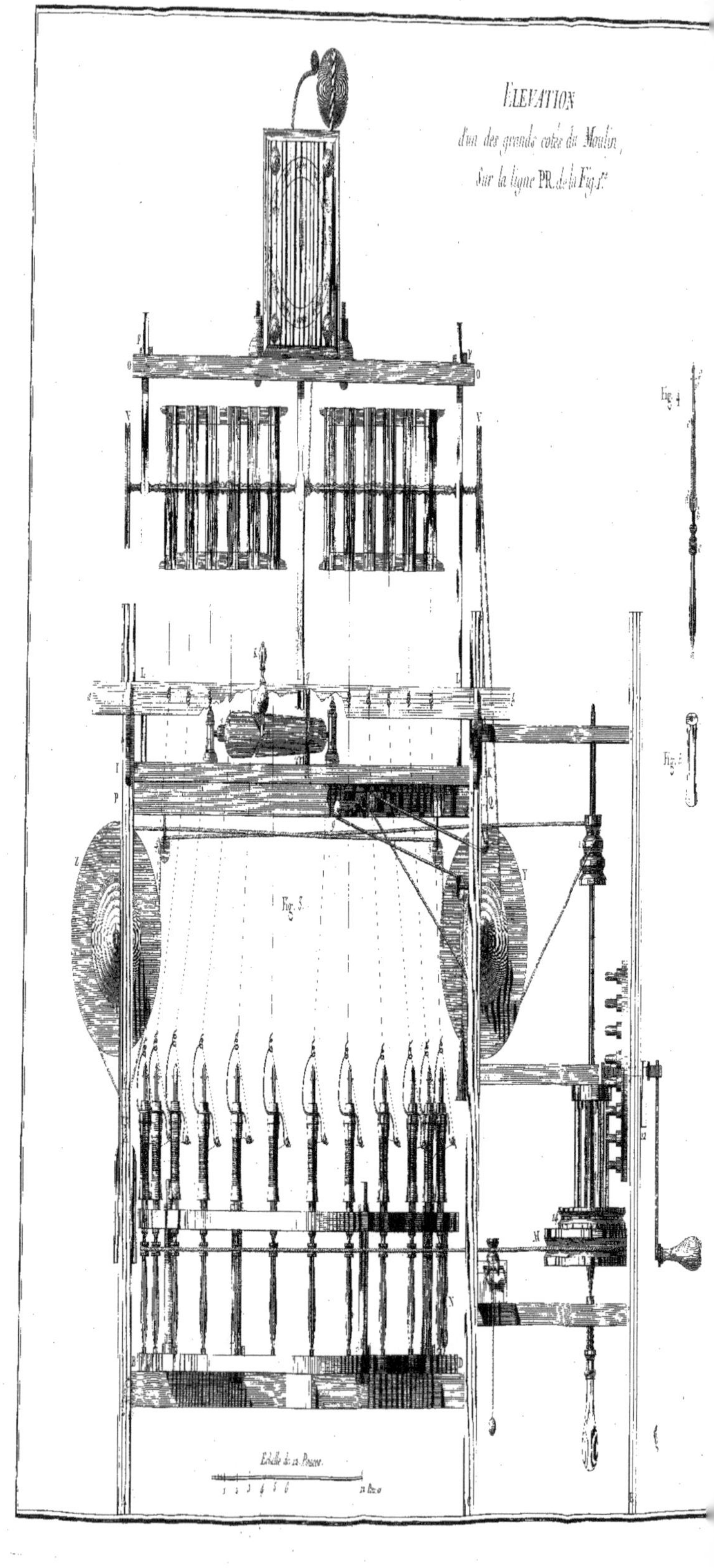
ELEVATION
d'un des grands cotés du Moulin,
Sur la ligne PR. de la Fig. 1re
Fig. 3.
Fig. 4
Fig. 2
Echelle de 12 Pouces

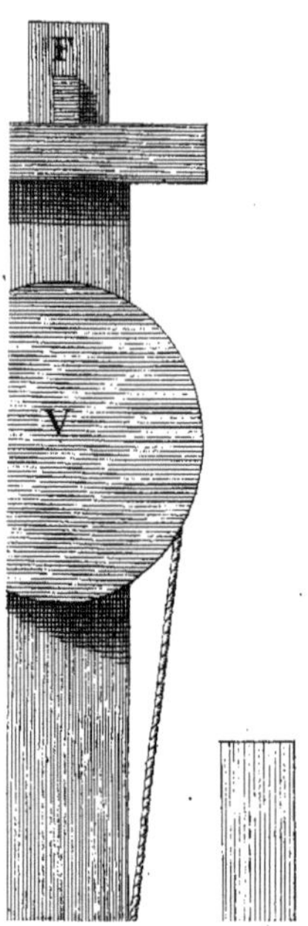

Fig. 9.

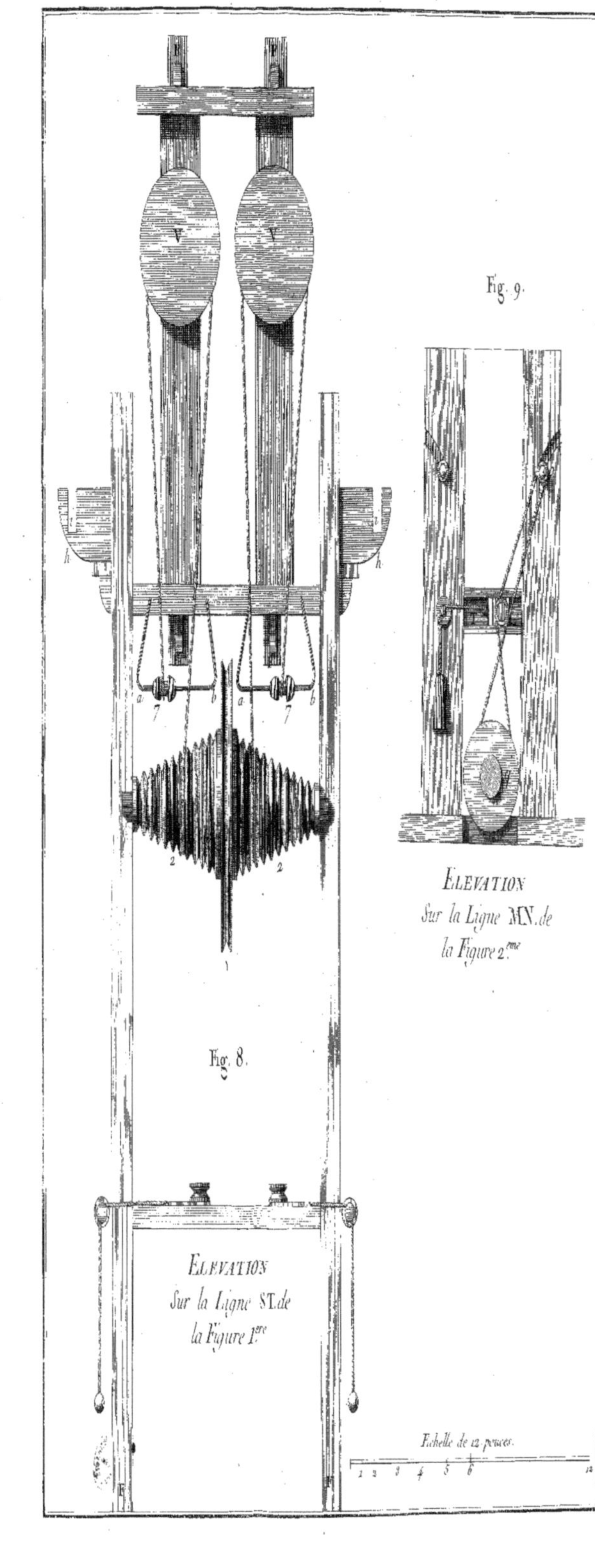
Fig. 9.
ELEVATION
Sur la Ligne MN. de
la Figure 2.eme
Fig. 8.
ELEVATION
Sur la Ligne ST. de
la Figure 1.ere
Echelle de 12 pouces.
1 2 3 4 5 6 12

MÉMOIRE

SUR L'UTILITÉ DE LA GREFFE DU MÛRIER,

& sur les moyens d'assurer le succès de celle de cet Arbre en écusson.

L'UTILITÉ de la greffe du Mûrier est assez généralement reconnue ; il en est peu qui ignorent qu'un arbre greffé d'une de ses espéces à grandes feuilles, qui ne sera pas plus gros ni plus étendu en branches qu'un autre à petites feuilles, & qui n'occupera pas plus de terrein que lui, donnera cependant, en poids de ces mêmes feuilles, le double de ce dernier. On sait même qu'il en donnera au moins le quadruple de celui de l'espéce à petit fruit noir, & qui a la feuille si déchiquetée, qu'elle ressemble à celle d'érable. On n'ignore pas non plus que la cueillette, lorsque la feuille est grande, est bien autrement expéditive que lorsque la feuille est petite.

Malgré cela l'utilité de la greffe de cet arbre trouve des contradicteurs. On y oppose 1.° que la feuille de Mûrier greffé est une nourriture moins saine, pour les Vers à soie, que celle de Mûrier non greffé. 2.° Que la soie des Vers nourris de ces mêmes feuilles d'arbres greffés est grossiere, & bien inférieure à celle des Vers nourris de feuilles de Mûriers sauvages (*a*). 3.° Enfin que les Mûriers greffés viennent moins gros, & durent bien moins que les autres; puisqu'ils sont affoiblis par la greffe.

(*a*) Voyez la note (*b*) au bas de la page 135.

J'essayera de répondre à ces objections; & d'abord, voici ce qui me paroît avoir donné lieu à la premiere.

Réponse à la premiere Objection.

La plûpart de ceux qui ont écrit sur la greffe & la culture du Mûrier paroissent avoir ignoré la méthode de MM. Tournefort & Duhamel; savoir, celle de distinguer les espéces d'arbres par les fleurs, les feuilles, & les fruits. Ils divisent ordinairement les Mûriers en noirs & blancs; ils rejettent les premiers comme n'étant pas propres à la nourriture des Vers à soie; les uns disent que le suc que renferment leurs feuilles est trop grossier, les autres qu'elles abondent en acides nuisibles, les autres enfin que la soie que donneroient les Vers nourris de feuilles si épaisses & d'un verd si foncé, ne pourroit être que grossiere.

Le Mûrier qui produit les grosses Mûres noires que l'on mange, une fois déclaré, par ces Auteurs, incapable de fournir une nourriture convenable aux Vers; ils passent à diviser le Mûrier blanc, chacun selon ses idées, & sans en caractériser les espéces: en effet les uns le divisent en Mûrier de la premiere & de la seconde classe, les autres en Mûrier sauvageon & franc; les autres en Mûrier de belle espéce & celui qui n'est pas de si belle espéce.

Le Mûrier de la premiere classe est, selon les premiers, celui qui porte la feuille nommée *colombine*; celui de la seconde classe porte celle qu'on nomme *romaine*, parce qu'elle est plus grande que la *colombine*. On croiroit que les seconds divisent le Mûrier en *sauvageon* & *franc*, pour distinguer celui qui n'est pas greffé, d'avec celui qui l'est; mais ce n'est pas cela: le sauvageon est, selon eux, celui qui a la feuille petite & déchiquetée (*a*); le franc, au contraire, est

(*a*) C'est probablement le Mûrier à petit fruit noir dont on a déjà parlé.

celui qui a la feuille grande, soit qu'il ait été greffé ou non. Il est clair que le Mûrier que les troisiémes appellent *de belle espéce*, est celui que les seconds nomment *Mûrier franc*, c'est-à-dire, *Mûrier à grande feuille*, abstraction faite de sa greffe.

Des divisions si générales, & qui n'apprennent pas grande chose, n'ont pas conduit ces Auteurs, à nous indiquer les espéces qu'il seroit le plus avantageux de multiplier par la greffe. Aussi lorsqu'il a été question d'en venir là, ils se sont contentés de nous dire en général *qu'il falloit greffer de la belle espéce sur une autre* (*a*).

C'est ce précepte qui aura induit bien des personnes en erreur, & que je regarde comme la source de l'objection à laquelle je réponds. On aura pensé que cette belle espéce, dont il falloit greffer, étoit la feuille la plus grande ; parmi les espéces connues il s'en trouve deux qui l'ont singuliérement grande, c'est le *Mûrier d'Espagne*, & celui que nous nommons à Metz (peut-être mal-à-propos) *Mûrier Romain*. Ces deux espéces auront séduit sans doute plusieurs de ceux qui nourrissent des Vers à soie, ils s'en seront procuré beaucoup d'arbres par la greffe ; & cependant ils se seront apperçu, car la chose est très-vraie, que ces dernieres feuilles ne valoient pas les autres pour les Vers à soie, c'est-à-dire, qu'elles ne valoient pas les petites, même celles de Mûriers communs *sauvages* & provenus de graine (*b*). Ils en auront conclu sans balancer que la feuille de Mûrier greffé devoit être inférieure à l'autre ; mais la

---

(*a*) On trouvera la description des différentes espéces de Mûriers dans la Botanique de M. Tournefort, page 589 de l'édition latine ; on la trouvera plus en grand dans le Traité des Arbres & Arbustes par M. Duhamel du Monceau, au mot *Morus*.

(*b*) J'entends par *Mûrier sauvage* tout Mûrier provenant de graine, ou toute marcotte ou bouture tirée d'un arbre provenu de graine, abstraction faite de son espéce.

J'entends au contraire par *Mûrier franc* tout arbre provenu de greffe, ou toute marcotte ou bouture tirée d'un arbre greffé quelle que soit pareillement son espéce.

conclusion est trop générale; ceux qui l'ont tirée, n'ont point fait attention au premier principe de la greffe; savoir, qu'elle améliore, embellit, aggrandit l'espéce transportée sur le sauvageon; mais qu'elle ne la change pas.

En effet le nœud de la greffe sera, si l'on veut, un crible ou tamis qui servira à purifier la séve du sauvageon, à l'approprier à l'espéce transportée par la greffe, à la rendre plus pure encore que celle qui a nourri la branche sur laquelle la greffe a été levée; il arrivera à cette branche provenue de la greffe, ce que nous voyons arriver aux animaux qui reçoivent constamment une nourriture bonne & substantielle; elle prendra un certain embonpoint, son fruit & sa feuille s'amélioreront, s'affineront, s'aggrandiront; mais, encore un coup, l'espéce sera la même qu'elle étoit auparavant.

Nous dirons donc, en partant de ce principe incontestable, que si une espéce de feuille cueillie sur un arbre sauvage, est, pour la nourriture des Vers à soie, d'une qualité inférieure à celle d'une autre espéce provenante aussi d'arbre sauvage; cette infériorité de qualité lui restera, du moins en bonne partie, lorsqu'elle sera devenue franche, c'est-à-dire, lorsqu'elle aura été transportée par la greffe sur un sujet; & réciproquement, que si une espéce sauvage étoit, pour cette nourriture, d'une qualité supérieure à celle d'une autre espéce sauvage aussi; elle conservera, après la greffe, au moins cette supériorité de qualité: je dis *au moins*, car la greffe loin d'être propre à lui ôter la plus petite partie de cette bonne qualité, il est évident qu'elle ne peut que l'augmenter; ainsi de ce que la feuille franche de *Mûrier d'Espagne* & *Romain* se trouve, pour la nourriture des Vers, d'une qualité inférieure à celle d'autres espéces sauvages, il n'y a rien à conclurre contre les qualités de ces dernieres espéces devenues franches par la greffe.

S'il

S'il eſt bon de confirmer cette théorie par les faits, je dirai que dans les commencemens j'ai été ſéduit, comme les autres, par la grandeur des feuilles de Mûrier d'Eſpagne & Romain : auſſi multipliois-je, par la greffe, les arbres de ces eſpéces preſqu'autant que je le pouvois ; mais je ne leur ai pas donné long-tems cette préférence : la petite expérience que je vais rapporter, a ſervi à me déſabuſer.

J'ai nourri ſéparément, de trois différentes eſpéces de grandes feuilles, trois petits tas de Vers de cinquante chacun, & cela depuis ce qu'on appelle *la quatriéme mue*, juſqu'à *la montée* (*a*) ; le premier étoit nourri de feuilles de *Mûriers Romains*, le ſecond de de celles de *Mûriers d'Eſpagne*, le troiſiéme enfin, de feuilles d'arbres greffés d'une eſpéce que je nomme *à gros fruit blanc*, qui a la feuille la plus large après celle des deux eſpéces ci-deſſus ; elle eſt communément échancrée d'un côté ; elle eſt tendre, quoiqu'aſſez épaiſſe ; elle eſt, avec cela, d'un verd clair, en comparaiſon des deux autres eſpéces.

Près d'un tiers des Vers du premier tas eſt péri avant la montée ; ceux qui reſtoient, étoient petits & ſans vigueur ; les coques qu'ils ont faites, étoient les plus foibles de toutes. Le ſecond tas, nourri de feuilles de Mûrier d'Eſpagne, a aſſez bien réuſſi ; il n'en eſt péri que ſix ou ſept. Les Vers du troiſiéme ſont ceux qui ont donné les meilleures coques, ils ont toujours été très-vigoureux & gros, je n'en ai perdu aucun, tous ont bien filé.

Depuis cette expérience, je regarde la feuille de *Mûrier Romain* comme la moindre de toutes en qualités. Celle du *Mûrier d'Eſpagne* (que l'on a peine à diſtinguer de la précédente) me paroît beaucoup meilleure ; mais je donne la préférence au Mûrier *à gros*

(*a*) La quatriéme mue, eſt la quatriéme & derniere fois que les Vers changent de peau avant de filer leurs coques. La montée des Vers, eſt lorſque ne mangeant plus, ils montent aux rameaux de bruyere pour filer.

fruit blanc que j'ai défigné, malgré que fa feuille ne foit pas, à beaucoup près, fi grande que celle du Mûrier d'Efpagne ou Romain.

Je penfe que le fuccès affez bon qu'ont eu les Vers du fecond tas, eft dû à ce qu'on a commencé à leur donner la feuille de Mûrier d'Efpagne précifément à la fortie de la mue, & en même-tems, à l'attention qu'on avoit de ne pas la leur donner fraîchement cueillie.

Ce qui me le fait dire, c'eft qu'ayant donné, à-peu-près dans le milieu de l'intervalle de la fortie de la quatriéme mue à la montée, à cinq ou fix Vers, autres que ceux des tas ci-deffus, une feuille de Mûrier d'Efpagne fraîchement cueillie, peu après en avoir mangé fort goulument, ils devinrent malades: ils jetterent par la bouche beaucoup d'eau noirâtre , il n'y en eût que deux des fix qui ne périrent pas, encore eurent-ils bien de la peine à échapper à cette épreuve.

Je n'avois pas remarqué que les feuilles des autres efpéces, & furtout de celle que j'ai nommée *à gros fruit blanc*, euffent produit quelque chofe de pareil ; les circonftances cependant, ont très-fouvent obligé de donner aux Vers à foie de la feuille fraîchement cueillie.

Réponfe à la feconde Objection.

CES expériences, dont les réfultats font fi analogues à ce que j'ai dit, répondent fuffifamment fans doute à la premiere objection ; à l'égard de la feconde, on préfume bien que la foie qui provient de l'efpéce de feuille à laquelle j'ai donné la préférence, n'eft pas inférieure à celle qui provient des autres efpéces. Pourquoi le feroit-elle ? Cette feuille, avant même qu'elle fut *franche*, étoit, du moins à ce que je penfe, la meilleure de toutes ; par la greffe , elle n'eft devenue que plus tendre, & plus appétiffante pour les Vers ; voit-on-là quelque chose qui puisse nuire à la qualité de la soie?

D'ailleurs je crois pouvoir mettre au nombre des préjugés l'opinion où l'on est, que certaines grandes feuilles produisent une soie moins fine ; j'ai nourri il y a quelques années, de feuilles de Mûrier à grosses Mûres noires, cinq ou six cent Vers ; ils n'ont point eu d'autre nourriture pendant toute leur vie ; cette feuille est réputée la plus grossiere de toutes ; cependant ils se sont, tous & toujours, très-bien porté. Les coques qu'ils ont filées, m'ont paru très-bonnes & très-dures ; tirées à part, le tireur en a trouvé la soie plus forte que celle des autres ; à l'égard de la finesse, elle lui a paru égale ; en tout cas ni lui, ni personne autre, n'a pu y remarquer de la différence ; & j'avouerai que si cet arbre venoit aussi bien en plaine campagne que le Mûrier blanc, s'il souffroit l'effeuillement comme ce dernier, j'aurois bien de la peine à ne lui pas donner la préférence sur toutes les autres espéces, & sur celle même à laquelle je la donne actuellement.

Réponse à la troisiéme Objection.

LA troisiéme objection a plus de réalité que les deux premieres ; car il est généralement vrai que la greffe affoiblit les arbres, & que tout arbre greffé dure moins que celui qui ne l'a pas été ; mais il est aisé de remédier à cet affoiblissement causé par la greffe, du moins à l'égard du Mûrier ; en voici la méthode, & en même tems, la raison sur laquelle cette méthode est fondée.

Les Jardiniers qui savent que l'arbre vigoureux, celui qui est, ce qu'ils appellent, *fort en bois*, ne produit pas, ou presque pas de fruit, profitent de l'effet de la greffe sur les arbres, pour les forcer à en donner. Ils greffent pour cela, & même plusieurs fois, les espéces vigoureuses. Lorsqu'ils plantent l'arbre greffé à demeure, ils se gardent bien d'enterrer le nœud de la greffe ; ils savent que l'arbre ne manqueroit guere de recouvrer par-là, toute la vigueur que la greffe lui auroit fait perdre. En effet le nœud de la greffe eſt fort diſpoſé à donner des racines, dit M. Duhamel; s'il eſt mis en terre, il en produira; le franc en prendra qui lui ſeront propres, & qui enleveront même la nourriture à celles du ſujet.

Comme le fruit du Mûrier blanc n'eſt pas conſidéré, que cet arbre n'eſt utile que par rapport à ſa feuille, que plus il ſera vigoureux & fort en bois, plus il en produira; on pourra faire à ſon égard, & en le plantant, le contraire de ce que font les Jardiniers pour les arbres fruitiers ordinaires. On pourra enterrer de cinq à ſix pouces le nœud de la greffe. Le franc prendra des racines qui enléveront à celles du ſujet la nourriture, & remédieront conſéquemment à l'affoibliſſement cauſé par la greffe. On ſent que pour pouvoir faire cela, & ne pas être obligé d'enfoncer la racine trop profondément en terre, il eſt néceſſaire 1.° de greffer l'arbre à la pépiniere; 2.° de ne le greffer qu'à trois, ou quatre pouces au plus, au-deſſus de la terre.

Au reſte il ne faut pas penſer que l'affoibliſſement cauſé au Mûrier par la greffe, ſoit égal à celui cauſé à tout autre arbre par la même opération. On ſait que plus il y a d'analogie entre la greffe & le ſujet, moins cet affoibliſſement eſt conſidérable: or le Mûrier ne ſe greffe que ſur le Mûrier; l'analogie entre la greffe & le ſujet, eſt donc preſque la plus grande poſſible: auſſi ne m'arrive-t-il pas toujours de greffer ſi près de terre; d'autant plus que la greffe, dans cette poſition, riſque d'être inondée, & couverte de boue par les pluies d'orage; ſi, à ſept ou huit pouces au-deſſus, il y a une partie de la branche du ſujet qui me paroiſſe plus propre à recevoir l'écuſſon, j'en profite; & la grande analogie entre la greffe & le ſujet, me raſſure dans ce cas contre l'effet dont j'ai parlé.

Ne préſumant donc pas que ce que quelques-uns oppoſent à l'utilité de la greffe des Mûriers, ôtera jamais l'envie, à ceux qui en cultivent, de s'en procurer par-là, de l'espéce la plus abondante en feuilles de la meilleure qualité, & de la cueillette la plus expéditive; je passerai à l'examen de la maniere dont cette greffe se fait ordinairement, & au détail de ce que j'ajoute à cette méthode, pour assurer le succès de l'opération.

SECONDE PARTIE DU MÉMOIRE.

IL me paroît être assez généralement reconnu que la greffe en fente & en couronne ne convient pas au Mûrier; cet arbre délicat souffriroit difficilement les étronçonnemens préparatoires à ces dernieres méthodes de greffer; & tous semblent être d'accord de n'user, à son égard, que de la greffe en sifflet ou en écusson.

Il est vrai qu'il n'y a que les jeunes arbres à l'égard desquels ces dernieres méthodes paroissent praticables; mais on peut y préparer les autres, pourvu qu'ils ne soient pas bien vieux: pour cela, au printems de l'année qui doit précéder celle de la greffe, on rabattra les plus grosses branches à un pied ou deux de distance du tronc; celles-ci, dans cette année même, en produiront abondamment des nouvelles, du nombre desquelles on conservera seulement les plus propres à former la tête de l'arbre, & l'année suivante il sera facile d'y poser des sifflets ou des écussons.

De ces deux méthodes, la plus généralement pratiquée, comme la plus expéditive, & la plus facile, c'est sans doute celle en écusson; aussi me bornerai-je à parler de celle-ci.

On sera sans doute surpris que j'écrive sur une opération aussi commune, aussi simple & facile que celle de la greffe en écusson. M. Duhamel l'enseigne en deux lignes; « on insinue (dit-il quelque

» part) l'écuſſon entre le bois & l'écorce, enſorte que le bouton » de l'écuſſon ſorte entre les deux lévres de l'écorce du ſujet. On » aſſujettit le tout par pluſieurs révolutions d'un fil de laine, & l'opé- » ration eſt finie.

Oui l'opération eſt finie; mais qu'il me ſoit permis de demander à ce Phyſicien ſi utile à ſa Patrie, ſi elle eſt finie avec aſſurance de ſuccès (*a*)? J'oſe dire, au contraire, que ce ſuccès eſt, encore de nos jours, un vrai effet du hazard. Qui ne ſait qu'un ſoleil trop ardent, un vent ſec, un verglas, une petite pluie même arrivée dans les dix ou douze jours qui ſuivent la greffe, ſont tous, & chacun d'eux, capables de faire périr tous les écuſſons d'une pépiniere. Comme nos Jardiniers n'y ſavent d'autre reméde que de recommencer à greffer l'année d'enſuite, & toujours aux mêmes riſques, il paroît que perſonne ne leur a ſuggéré les moyens de s'en garantir; je vais donc tenter de faire, du moins à l'égard de la greffe du Mûrier, ce qui ſemble être échappé à l'attention de nos Phyſiciens Agricoles.

J'attribue l'incertitude du ſuccès de la greffe en général, à une ſeule cauſe; on ne fait pas aſſez d'attention, qu'en greffant on fait néceſſairement à un arbre une plaie, dont il eſt ſi eſſentiel de procurer la guériſon, que ſans cela il n'y a pas de ſuccès à attendre de l'opération. Cette plaie ſe cicatriſera plus ou moins facilement, ſelon l'eſpéce & le tempérament de l'arbre auquel elle ſera faite; or on ſait que le Mûrier eſt un de ces arbres délicats, dont les plaies ne ſe cicatriſent qu'avec peine; elles lui ſont dangereuſes, & aſſez ſouvent mortelles; ainſi il ne faut pas s'étonner ſi en négligeant, comme on

(*a*) Dans un tems où quelque ſimple que fut cette opération, je ne la connoiſſois pas aſſez pour mettre la main à l'œuvre, j'ai fait écuſſonner plus de deux cens pieds de Mûriers par nos meilleurs Greffeurs de Metz, j'ai eu ſoin que chaque écuſſon fut aſſujetti par pluſieurs révolutions d'un fil de laine, je n'ai cependant pas eu l'avantage de voir réuſſir quatre de ces greffes.

a fait jufqu'à préfent, de procurer la guérifon de la bleffure qu'on lui a faite, le fuccès de fa greffe ait été jufqu'à préfent fi incertain.

Il y a, felon moi, trois défauts dans la façon de la faire, qui rendent la plaie d'une réunion difficile. D'abord, on ne choifit pas la faifon la plus convenable; 2.° on laiffe l'écuffon expofé aux injures de l'air; 3.° on n'emploie pas les ligatures convenables à la greffe, & avec cela, on la lie mal. Voici en peu de mots les inconvéniens de ces défauts, & en même-tems ce que je pratique pour y parer.

Prefque tous les Greffeurs donnent la préférence à l'écuffon qu'ils appellent à *œil dormant*, (c'eft-à-dire, à l'écuffon fait en Juillet pour ne pouffer qu'au printems fuivant), fur l'*œil à la pouffe*, ou l'écuffon fait au printems. Le mois de Juillet eft, à la vérité, le tems le plus commode pour lever l'écuffon, mais il s'en faut bien que ce foit le plus favorable à la réunion de la plaie : l'écuffon levé en Juillet n'a pas acquit tous les degrés de maturité, il n'eft point ce qu'on appelle *aouté*, c'eft-à-dire, perfectionné par la féve d'automne, fes vaiffeaux, font, avec cela, pleins de féve, ils ne livrent que très-difficilement entrée à celle du fujet; dans ce tems-là, celle du Mûrier fur-tout, eft très-abondante & en grande action, prefque toujours l'écuffon en eft noyé, & il périt.

Ce n'eft pas tout, l'œil qu'on vouloit faire dormir, fouvent ne le fait pas; il produit à l'arriere-faifon une petite branche qui n'a pas le tems de mûrir, & qui eft prefque toujours emportée par l'hiver. Enfin la plaie de l'écuffon à *œil dormant*, a tous les mauvais tems de l'hiver à fupporter. Ils lui feront d'autant plus funeftes, que pas une des ligatures dont on s'eft contenté jufqu'à préfent de le recouvrir, n'eft capable de l'en garantir.

Je remédie à ce premier défaut, & à ces inconvéniens, en ne

greffant le Mûrier qu'au mois d'Avril & de Mai : l'écuſſon du printems eſt levé ſur une branche coupée & retranchée de l'arbre ſeument à la fin de l'hiver (*a*), elle a acquit toute la maturité qu'elle pouvoit acquérir, l'hiver même l'a endurcie & perfectionnée. Comme cette branche a été ſéparée de l'arbre ſix ſemaines, ſouvent même deux mois avant que d'être employée, elle a eu le tems de ſe vuider d'une bonne partie de ſa ſéve ; ſa maturité l'a miſe en état de ſupporter cette déperdition ſans altération ; auſſi l'écuſſon, à peine poſé, reçoit-il avec avidité la ſéve du ſujet : communément, dès le lendemain j'ai le plaiſir de voir l'œil s'enfler, & ſuivre dans ſes progrès, ceux de la ſaiſon même où l'on eſt pour lors : il n'eſt expoſé à aucun des dangers & des riſques que court l'œil dormant ; il a toute la belle ſaiſon pour prendre de l'accroiſſement ; ce qui fait que la greffe ſe trouve, ſouvent en automne, avoir acquis juſques à ſix pieds de hauteur ; elle eſt par-là en état de réſiſter à l'hiver le plus fort. J'ajoute à cela qu'au printems il m'eſt poſſible de greffer pendant ſix ſemaines au moins ; il s'en faut bien qu'on ait autant de tems pour le faire en automne.

Les inconvéniens du ſecond défaut, celui de laiſſer, comme on a fait juſqu'à préſent, les lévres de la plaie expoſées à toutes les injures de l'air, ſont qu'un vent ſec ou un ſoleil trop ardent ſuffit pour deſſecher les extrémités des vaiſſeaux coupés, ſoit de la greffe, ſoit du ſujet, & pour en empêcher la réunion. La moindre pluie, outre cela, arrivée dans les dix ou douze jours de l'écuſſon fait, détrempera la matiere gélatineuſe organiſée, par laquelle cette réunion peut uniquement

(*a*) On fait amas de branches à greffes vers la fin de Février, en tout cas avant que l'œil ſe ſoit ſenſiblement enflé. On les conſerve, juſqu'au tems propre à les employer, en les fichant de deux pouces en terre, par le gros bout, une à une. & contre un mur au nord ; ou bien on les met à la cave le gros bout dans un vaiſſeau au fond duquel il y a un demi-pouce de hauteur d'eau : les branches aſpirent l'eau, & il faut de trois ſemaines en trois ſemaines en remettre un peu de la nouvelle. Le tems propre à les employer ne vient guere, dans notre Province, avant la fin d'Avril.

quement se faire, & cette détrempe en détruira l'organisation. Si l'écusson est fait en automne, & s'il a échappé à ces dangers, il aura bien de la peine à échapper à d'autres pendant l'hiver. La ligature que l'on croit, bien mal-à-propos, devoir seule l'en garantir, ne servira qu'à communiquer à la plaie l'humidité dont elle se sera imprégnée, & à l'y conserver plus long-tems. Si la gelée arrive dans cette circonstance, la propriété si singuliere qu'a l'eau d'augmenter de volume par sa congélation (propriété bien avantageuse à l'agriculture à d'autres égards, puisqu'elle procure l'ameublissement des terres les plus compactes), nuira infailliblement dans ce cas-ci. L'eau congélée, qui a la force de briser les vaisseaux les plus forts qui la contiennent, introduite dans les parties de la plaie qui n'ont fait que commencer à se réunir, aura celle sans doute de les distendre, de les écarter, & les premiers jours du printems feront voir le mal sans reméde : pour le prévenir voici tout mon secret.

Je garnis ou j'enduis des feuilles de papier d'un mêlange d'une partie de cire avec trois parties de poix de Bourgogne mises en fusion (*a*). Dans ces feuilles, que je nomme *papier à greffe*, je coupe des petites lanieres de quatre à cinq lignes de largeur, sur douze ou quinze de longueur. J'en emploie deux à chaque écusson ; l'une recouvre par sa longueur toute l'incision horizontale, l'autre toute la verticale, excepté cependant l'œil & la console qui le soutient, parce que l'un & l'autre doivent rester dégagés & à l'air.

C'est par cette pratique si aisée, & par ces seules lanieres, qu'assujettissent les ligatures dont je parlerai bientôt, que je préviens tout

(*a*) Pour faire ce papier à greffe, on fait fondre, dans un vaisseau de terre sur le feu, la cire & la poix ; on remue bien le tout avec une spatule. Quand le mêlange est bien chaud, même bouillant, une personne, en le remuant toujours, le verse par petite partie sur une feuille de papier présentée un peu au feu auparavant ; une autre personne, avec une autre spatule, étend le mêlange sur le papier à une demi-ligne environ d'épaisseur : on conserve ce papier à la cave, il se dessécheroit trop au grand air, & ne se colleroit plus.

ce que les Jardiniers ont à craindre pour leurs écuſſons. Le mêlange de cire & de poix de Bourgogne appliqué immédiatement ſur les inciſions, eſt une de ces ſubſtances balſamiques qui ſont ſeules propres à procurer la réunion des plaies des arbres : les graiſſes, les onguents mercuriels, ceux où il y entre de la chaux, y ſont très-contraires, ſelon les expériences de M. Duhamel. Indépendamment de ce premier bon effet, cette cire compoſée met la plaie à l'abri du ſoleil, du vent, du contact de l'air. Incapable d'ailleurs, de ſe mêler avec l'eau, & de s'en laiſſer pénétrer, elle prévient parfaitement tous les effets des pluies ſi pernicieuſes aux écuſſons. Ce qu'il y a de ſingulier, c'eſt que le papier, qui auparavant s'imprégnoit ſi aiſément de l'humidité, une fois garni de cette cire ſeulement d'un côté, devient impénétrable à l'eau : il devient preſque incorruptible, & capable de réſiſter à tous les mauvais tems pendant pluſieurs années. Sans compter que c'eſt lui qui rend facile & commode l'emploi de ce mêlange, il eſt encore-là pour mettre ce même mêlange à couvert du pillage des abeilles, & rendre inutiles tous leurs efforts pour l'enlever ; je viens au troiſiéme défaut.

L'on épargne & l'on ſe néglige juſques ſur la matiere de la ligature de la greffe, & ſur la façon de la placer. On y emploie ce qui ſe trouve ſous la main, du roſeau, de l'écorce d'arbre, de la mauvaiſe filaſſe, toutes matieres qui, recouvrant immédiatement la plaie, lui communiquent l'humidité dont elles s'imprégnent. Cette filaſſe, dont j'ai appris qu'on ſe ſervoit communément en Languedoc pour la greffe du Mûrier, ne ſe prête pas à l'augmentation de volume de l'œil, & néceſſite par conſéquent à en venir à la plus mauvaiſe de toutes les pratiques, celle que nos Jardiniers appellent *donner de l'air à la greffe*, c'eſt-à-dire, à relâcher la ligature : toutes les parties de la greffe (du Mûrier du moins, je le ſais par expérience), ſe relâchent en même tems : celles qui avoient commencé à ſe réunir, ſe détachent par leur propre reſſort, & l'écuſſon périt immanquablement.

Ceux qui employent la matiere la plus propre à ſe prêter à l'augmentation de volume, ſavoir, la laine filée, ſe contentent de lier haut & bas l'écuſſon: preſque toujours la partie intermédiaire, celle qui eſt entre l'inciſion horizontale & le bas de la conſole qui ſoutient l'œil, n'eſt point aſſujettie ſuffiſamment: les lévres de l'inciſion verticale, qui recouvroient les côtés de l'écuſſon, ſe ſoulévent inſenſiblement, & forment, de chaque côté, une eſpéce de petite voûte par où les inſectes, la pluie, la neige, s'introduiſent juſques dans l'intérieur de la plaie; ce qui doit en réſulter ſe fait aſſez ſentir.

Je remédie à ce dernier défaut, d'abord en n'employant, pour lier mes greffes, que de la laine filée. Secondement j'aſſujettis, par un fil quadruple de cette même laine, toutes les parties de la greffe; & j'ai ſoin, en faiſant faire à ce fil des révolutions, alternativement en haut & en bas, de le conduire de ſorte qu'il forme, de chaque côté de la greffe, une paire de diagonales croiſées, une croix de S. André dont les bras appliquent les lévres de l'écorce du ſujet ſur l'écuſſon, & les empêchent de ſe ſoulever. Cette ligature faite de cette ſorte prévient tout, & la laine ſe prête à l'augmentation de volume autant qu'il le faut, ſans qu'on ſoit obligé de relâcher la ligature, & même d'y toucher avant que l'écuſſon ait pouſſé une branche de deux à trois pouces de longueur; pour lors, il n'y a plus à craindre d'y toucher; auſſi la ſupprimé-je totalement dans ce tems.

Tels ſont les moyens par leſquels je ſuis parvenu à aſſurer le ſuccès de la greffe du Mûrier, au point qu'il m'eſt arrivé aſſez ſouvent de n'avoir pas quatre greffes de manquées, dans deux cens.

J'obſerverai, avant de finir, qu'en greffant le Mûrier à la pouſſe, on ne ſupprime pas la partie de la branche du ſujet qui eſt ſupérieure à la greffe, ainſi qu'il ſe fait en greffant à la pouſſe les autres eſpéces d'arbres ; on ſe contente d'ôter à cette branche un anneau d'écorce de trois à quatre lignes de largeur, & cela à environ trois pouces au-deſſus de la greffe, & toujours au-deſſus de l'endroit d'où eſt ſorti, ou doit ſortir un bourgeon.

EXPÉRIENCE

SUR LE BAIN DE LA GRAINE DE VERS A SOIE DANS LE VIN.

DANS presque toutes les méthodes qui nous sont données pour élever les Vers à soie, nous lisons qu'il est bon avant de faire éclorre la graine, de la mettre, pendant quelques instans, dans du vin frais tiré. On distingue par-là, dit-on, la bonne graine d'avec la mauvaise, & l'on ne fait éclorre que la premiere. La bonne, selon les auteurs de ces méthodes, est celle qui va à fond, il faut jetter celle qui surnage. Nous y lisons encore, que si cette graine est prête à éclorre, il faut bien se garder de la mettre dans le vin, parce que toute la graine périroit.

C'est relativement à ces deux points que je vais rapporter l'expérience suivante & son résultat.

Au mois de Mai 1765 je séparai de ma graine environ un quart d'once, que je destinai à être trempé dans le vin. Cette graine, à la vérité, n'avoit pas encore été mise à la couvée ; mais elle étoit depuis cinq à six jours dans une chambre exposée au midi, & dans laquelle la chaleur de la saison s'étoit fait sentir au point que cette graine n'étoit pas loin d'éclorre : on voyoit, à l'aide d'une loupe, le Ver qui se formoit dans l'œuf, & avec une aiguille fine, j'en tirai hors de la coque deux ou trois qui étoient formés ; ils avoient la tête noire & le corps à-peu-près de la couleur de celui d'un petit escargot hors de sa coquille : on sait que c'est-là l'état de la graine deux jours ou environ avant qu'elle n'éclose à la chaleur de dix-huit ou dix-neuf degrés de Réaumur au-dessus de la congélation.

Pour faire souffrir le bain à celle dont il s'agit, je mis dans un gobelet de vin la boule d'un thermométre de Réaumur, & je tins le gobelet dans la main jusqu'à ce que la liqueur en fut échauffée assez pour faire monter le thermométre vers le vingtiéme degré au-dessus de la congélation; pour lors je mis la graine dans le vin : elle y fut pendant un bon demi-quart d'heure, & j'avois soin, en mettant la main de tems en tems sur le gobelet, d'entretenir, pendant l'opération, le bain à-peu-près au même degré de chaleur qu'il avoit eu d'abord. Malgré que je remuasse bien cette graine dans le vin, je ne pus parvenir à en faire descendre au fond du vase qu'environ la huitiéme partie; tout le reste surnagea constamment.

Après avoir retiré cette graine du bain, & l'avoir fait sécher séparément, j'examinai de près les œufs qui avoient été à fond; &, à l'exception peut-être d'une douzaine qui avoit la couleur grise ordinaire, tous étoient d'un jaune-sale qui marquoit qu'ils n'avoient pas été suffisamment fécondés par le mâle.

Je fis mettre à la couvée cette graine qui avoit été à fond, aussi bien que celle qui avoit surnagé, mais chacune dans sa boëte particuliere : elles y furent mises en même-tems & aux mêmes degrés de chaleur que celle qui n'avoit pas souffert le bain; trois jours après, cette derniere, aussi bien que celle qui avoit surnagé, éclosoit à merveille; & comme il ne paroissoit aucune différence entre les Vers qui provenoient de l'une & de l'autre graine, ils furent mêlés pour être élevés ensemble. Mais à l'égard de la graine qui avoit été à fond, il n'en fut pas de même; après cinq à six jours de couvée il ne s'y trouva qu'un ou deux Vers d'éclos, le restant n'avoit presque pas changé de couleur; auſſi ne fut-on pas curieux de la conſerver plus long-tems, elle fut jettée.

RÉSULTAT.

Il réſulte de cette expérience 1.° que lorſque la graine de Vers à ſoie ſe diſpoſe à éclorre, elle ſurnage au vin; c'eſt-à-dire, qu'à meſure que le Ver ſe forme dans l'œuf, ce même œuf augmente de volume ſans augmenter de poids à proportion; enſorte qu'il devient plus léger qu'un volume de vin égal au ſien.

2.° Lorſque cette liqueur eſt miſe à une chaleur de dix-huit ou vingt degrés de Réaumur au-deſſus de la congélation, on ne riſque pas, en y mettant la graine dans laquelle les Vers ſont formés, de la faire périr.

3.° Que le bain de la graine en quelque tems que ce ſoit, même long tems avant celui auquel on fait ordinairement éclorre les Vers à ſoie, ne peut pas ſervir à faire diſtinguer la bonne graine d'avec la mauvaiſe, du moins à faire diſtinguer celle qui eſt bien fécondée, d'avec celle qui ne l'a pas été ſuffiſamment; car les grains d'un jaune-ſale ont gagné le fond après avoir éprouvé une chaleur qui a ſuffi pour faire ſurnager les autres, ils euſſent été à fond, à plus forte raiſon, avant d'avoir éprouvé cette chaleur; ils ſe fuſſent donc mêlés avec la bonne graine qui, pour lors, n'eut pas ſurnagé.

Ces réſultats ſont bien contraires à ce que nous avons dit ci-deſſus que les auteurs de la plûpart des Traités d'éducation des Vers à ſoie nous enſeignoient. L'Abbé de Sauvage commence la Préface du ſien par ces termes: « On écrit depuis long-tems ſur l'éducation » des Vers à ſoie, cependant ceux qui exercent cet Art n'y réuſſiſſent » guere mieux aujourd'hui que dans les commencemens où il fut » porté en Europe. Ne ſeroit-ce pas que les Artiſans ſeuls chargés » de la manœuvre obſervent peu, & écrivent encore moins; & que

» ceux qui écrivent ont négligé de s'instruire par la pratique, & » sont tombés par-là dans les erreurs dont leurs ouvrages fourmillent?

Il n'en faut pas douter, & l'expérience ci-dessus démontre ce que ce Physicien célébre vouloit bien seulement conjecturer : si j'eusse jetté, selon l'avis de ces auteurs, la graine qui surnageoit, j'aurois jetté la bonne, & gardé par conséquent la mauvaise.

Il faut cependant faire ici une distinction qui ne paroît pas avoir été faite ; c'est-à-dire, il faut distinguer les tems dans lesquels le bain se fait. J'eusse jetté la graine qui, six semaines ou un mois avant la naissance des feuilles de Mûriers, eut surnagé au vin ; & j'eusse gardé celle qui eut été à fond : ma raison est que la légéreté de la premiere, plus grande que celle du vin dans ce tems, m'eut marqué qu'elle avoit souffert une couvée soit artificielle, soit spontanée ou naturelle ; & que quand le Ver formé n'eut pas été mort dans l'œuf, il eut toujours fallu qu'il périt, faute de feuilles.

Application.

On nous dit que les Étrangers mêlent souvent, avec de la bonne graine qu'ils nous vendent, de celle qu'ils ont eu de trop l'année précédente, & dans laquelle ils ont fait périr les Vers pour les empêcher d'en sortir : le bain de la graine, en tout autre tems que celui de la naissance des Vers à soie, servira à découvrir & démontrer leur fraude. Elle servira même à marquer jusqu'où cette fraude aura été portée ; puisque toute la graine dans laquelle le Ver sera mort dans l'œuf, surnagera à coup sûr ; & que l'autre ira à fond.

Autre Application.

La graine qui s'est ressentie des premieres chaleurs du printems, ou celle qu'on a reçue de l'étranger vers le mois d'Avril, & qui a été échauffée en route, n'est pas toute égalcment avancée ; il s'en trouve quelquefois

quelquefois la moitié, quelquefois les deux tiers, où le développement du germe n'eſt pas commencé. Lors de l'arrivée de cette graine avant la naiſſance des feuilles, ou lors d'une gelée qui les emporte en tout ou en grande partie, il n'eſt pas douteux que l'on deſireroit pouvoir ſéparer de la graine, où le Ver a commencé à ſe former, celle où il n'a pas commencé à le faire ; or le bain de la graine ſera à cet égard un moyen auſſi ſûr qu'expéditif. La graine qui aura été à fond, étant miſe au dixiéme ou onziéme degré de Réaumur au-deſſus de la congélation, s'y conſervera à coup ſûr juſqu'à ce que les feuilles aient pris un accroiſſement ſuffiſant, ou juſqu'à la naiſſance & la crue des nouveaux bourgeons, après la gelée des premiers. A l'égard de celle qui ſurnagera, comme on aura eu l'attention de donner, au vin dans lequel on l'aura miſe, la chaleur du ſeiziéme ou dix-ſeptiéme degré de Réaumur au-deſſus de zéro, on n'aura pas à craindre que ce bain l'empêche d'éclorre ; ainſi l'on en fera ce que l'état des arbres permettra d'en faire.

A ces derniers termes, peut-être un peu trop généraux, j'ajouterai qu'il ſera très-bon de n'élever, du produit de cette graine qui aura ſurnagé, que la quantité de Vers à la nourriture deſquels, même juſqu'à leur *montée* (*a*), les feuilles épargnées par la gelée pourront ſuffiſamment fournir ; car ce que j'ai fait, après la gelée du 30 Avril 1761, m'a appris que des Vers nourris d'abord, & dans leur jeuneſſe, de premieres feuilles fortes & ſubſtantielles, & enſuite de ſecondes feuilles tendres & naiſſantes (*b*) ; que des Vers, dis-je, nourris dans cet ordre renverſé, donnoient beaucoup de peine & très-peu de ſoie (*c*).

Je ne dirai rien des bons ou mauvais effets du bain ſur la graine, il faudroit parler d'après quelques expériences que j'avouerai n'avoir pas encore faites.

(*a*) *Montée des Vers.* Voyez la note au bas de la page 137.

(*b*) De tous les Mûriers blancs il n'y eut que ceux plantés dans quelques cours à la ville qui échapperent à cette gelée : ce furent ceux-ci qui me fournirent des feuilles juſqu'aux nouvelles, qui ne parurent que plus de vingt jours après la gelée.

(*c*) La plûpart périſſent par la *graſſerie.* Voyez ce que c'eſt que cette maladie dans les Mémoires ſur l'éducation des Vers à ſoie, par M. l'Abbé Boiſſier de Sauvages, Tome I. page 109 & ſuivantes, & Tome II. page 91 & ſuivantes.

AUTRE EXPÉRIENCE SUR LA GRAINE DE VERS A SOIE.

La graine de Vers à ſoie peut-elle, ſans altération & ſans perdre la faculté d'éclorre, éprouver des froids très-vifs? L'expérience qui va ſuivre répondra à la queſtion.

UN des jours du mois de Janvier dernier (*a*) où le grand froid du ſoir annonçoit celui beaucoup plus rigoureux qui devoit ſe faire ſentir le lendemain matin, je mis dans une petite boëte, une ou deux pincées de graine de Vers à ſoie. Comme cette boëte fermoit un peu exactement, & que je ſavois que pour faire perdre à la graine ſon principe de vie, il ſuffiſoit de l'enfermer de maniere qu'elle n'eut aucune communication avec l'air extérieur (*b*); avant de mettre la graine dans cette même boëte, j'en perçai d'un petit trou le couvercle : je la mis enſuite ſur la fenêtre de mon cabinet en dehors, & je plaçai un thermométre à côté. Cette fenêtre eſt ſituée au midi; elle donne ſur une cour qui eſt aſſez ſpacieuſe, mais qui, preſque de toute part, eſt fermée par des murs aſſez hauts: malgré cela le thermométre étoit, le lendemain à ſept heures trois quarts du matin, à quatorze degrés au-deſſous de la congélation. Ce thermométre eſt au mercure;

(*a*) 1767.

(*b*) Au printems de l'année 1763 ou 1764, une perſonne me raconta qu'ayant vu, pendant les chaleurs fortes du mois d'Août précédent, éclorre quelques Vers de ſa graine qui venoit d'être faite, il s'étoit hâté de mettre cette graine dans une bouteille bien bouchée qui fut portée à la cave où elle reſta tout l'hiver; & qu'au printems ſuivant il fut impoſſible de tirer de toute cette graine un Ver à ſoie. Cela me fit ſouvenir de l'expérience de *Miller*, ſur les graines de plantes potageres conſervées dans des bouteilles fermées hermétiquement, & me perſuada que la graine de Vers à ſoie perdoit, auſſi bien que celle des plantes potageres, la faculté de germer ou d'éclorre, lorſqu'elle eſt enfermée enſorte qu'elle n'a aucune communication avec l'air extérieur. L'expérience de *Miller* eſt rapportée au Dictionnaire encyclopédique, ſous le mot *graine*. (*Agricult.*)

il eſt de quatre-vingt degrés entre la congélation & l'eau bouillante ; enſorte que ce froid correſpond à celui d'un degré au-deſſus de zéro du thermométre de Farenheit, c'eſt-à-dire, à trente-un degré de ce même thermométre de Farenheit, au-deſſous de la congélation. On peut juger delà quel froid cette graine éprouva ; il eſt aſſurément un des plus forts que nous ayons eu, ou que nous ayons remarqué dans ce pays, du moins depuis qu'on y connoît le thermométre de comparaiſon ; auſſi dans tout ce même mois de Janvier dernier, qui méritera aſſurément une place diſtinguée dans nos tables météorologiques, je n'ai vu qu'une ſeule fois le même thermométre, & au même endroit, deſcendre au-delà ; encore n'étoit-ce que d'un demi-degré.

La boëte à graine reſta ſur la fenêtre au même endroit : elle y eſſuia encore différens autres froids ; mais tous bien inférieurs à celui dont je viens de parler : elle y fut juſqu'au dégel arrivé dans les commencemens de Février. Dans ce tems, pour la garantir de la pluie, je la mis ſur la tablette en dedans de la fenêtre, & entre la vitre & le rideau qui n'étoit pas déployé : elle reſta-là, & y fut oubliée juſque vers le 29 Avril. Ce jour, cette boëte me tombant ſous la main, j'examinai l'état de la graine ; je fus ſurpris de la trouver blanchie, & telle qu'elle eſt ordinairement lorſqu'elle eſt prête à éclorre. Je perçai un œuf avec une aiguille fine, j'en tirai un Ver à ſoie qui, examiné à la loupe, paroiſſoit bien formé ; enſorte que je m'attendois à voir les Vers ſortir de leurs coques dès le lendemain, ou très-peu de tems après : mais je fus trompé dans mon attente ; & ayant examiné cette graine pluſieurs fois pendant les deux ou trois jours ſuivans, toutes les fois je la trouvai reſtée au même point où je l'avois vue le 29 Avril.

Il faut remarquer que la température de l'endroit où elle étoit, varie tellement, qu'elle paſſe, pour ainſi dire, d'une extrémité à l'autre dans vingt-quatre heures : l'air froid de la nuit & du matin, paſſant par les joints du chaſſis & de la croiſée, ſe fait ſentir-là beaucoup plus que dans aucun autre endroit de la chambre ; au contraire, le ſoleil dans le milieu du jour dardant ſes rayons ſur la vître, une bonne partie de ſa chaleur ſe concentre en quelque ſorte entre la vître & le rideau quoique non déployé, ainſi que je l'ai dit, & rend cet endroit où étoit la boëte quelquefois très-chaud. Je conjecturai donc que les milieux des beaux jours que nous avons eus, pendant le mois de Mars & au commencement d'Avril, avoient produit ſur la graine l'effet de la couvée ; mais que les froids qui ſont ſurvenus, ceux des vendredi & ſamedi ſaints ſur-tout, avoient fait périr le Ver à ſoie dans l'œuf : je négligeai donc cette graine que je regardois comme perdue ; cependant je la laiſſai dans ſa boëte & au même endroit.

Dix ou douze jours après, c'eſt-à-dire, le 14 Mai, ayant regardé cette graine, je fus ſurpris d'y trouver vingt ou trente Vers bien éclos, & de voir le reſte de la graine qui ſe diſpoſoit à éclorre. Je fis préſent de la boëte & des Vers à un jeune Écolier qui les éléve ; ils ſe portent très-bien, il n'en eſt péri aucun : les pluies, les froids du mois de Mai les ont retardés ; c'eſt leur effet ordinaire : ils touchent à préſent (premier Juin) à leur ſeconde mue.

RÉSULTAT.

Il réſulte de cette expérience 1.° qu'on peut expoſer la graine de Vers à ſoie à de très-grands froids, ſans craindre que par-là elle perde ſa faculté d'éclorre. 2.° Que des froids aſſez forts du printems, & auxquels nous ſommes très-ſenſibles (*a*), ſont capables, à

(*a*) J'avois oublié, comme je l'ai dit, cette graine ſur ma fenêtre en dedans, & je ne peux pas conſéquemment déſigner les degrés de froid qu'elle y a éprouvés, & qui ont été capables de la retarder ſi long-tems ; je puis cependant aſſurer qu'il faut que ces froids aient été bien plus forts que celui des caves de l'obſervatoire ; car il y a quelques années que m'étant arrivé, de Languedoc, de la graine qui avoit été couvée en chemin par le cheval de poſte, (& qui n'étoit pas ſi avancée à beaucoup près que celle-ci étoit lorſque je la rela vérité, de retarder fortement la graine qui étoit prête à éclorre, mais non pas de l'empêcher pour toujours de le faire ; du moins tant qu'elle ne passera pas subitement du grand chaud au grand froid : la graine de l'expérience passoit tous les jours de l'un à l'autre, mais ce n'étoit que successivement & par degrés.

APPLICATION.

CE n'est pas un petit embarras, pour bien des personnes, que de conserver la graine pendant l'hiver & pendant le premier printems, à une température telle qu'au mois de Mai, lorsqu'il s'agit de la faire éclorre, on soit sûr qu'elle n'a pas souffert d'altération. Il y en a qui, pour la garantir du froid, l'ont logée dans la paillasse, l'ont couvée ainsi pendant tout l'hiver, & l'ont fait éclorre par-là, dix ou douze jours avant les feuilles. D'autres l'ont mise sur leur cheminée pendant long-tems, & ont été surpris de la voir éclorre de même avant les feuilles ; d'autres, persuadés avec raison que le chaud est capable de nuire à la graine ; mais pensant, (assez mal-à-propos, comme on vient de le voir), que le froid lui nuit aussi, s'occupent pendant l'hiver à passer leur graine d'un endroit chaud dans un autre, lorsque des tems doux se font sentir dans cette saison ou vers sa fin ; & à la reporter dans l'endroit chaud, en l'enveloppant de fourrures & couvertures, lorsque le grand froid se fait sentir. D'autres enfin se donnent à cet égard bien des peines & des mouvemens dont il ne leur plaît pas toujours de nous rendre compte.

Comme je suis plus persuadé que jamais, que nos plus grands froids ne peuvent nuire à la graine, & qu'il n'y a que le chaud, capable de commencer dans un tems prématuré le développement du germe, qui puisse le faire, je tirerai, de l'expérience ci-dessus, une régle fa-

gardai au 29 Avril), j'eus beau la mettre au froid des caves de l'observatoire, il me fut impossible de l'empêcher d'éclorre deux jours après y avoir été, & dans un tems où les feuilles de Mûrier ne se montroient pas encore.

cile à pratiquer pour parvenir à, ce qu'on appelle en termes de l'art, *le bon hivernage de la graine.* C'eſt de la loger, au mois d'Octobre de chaque année, *dans une armoire à linge bien ſec, & placée dans une chambre ſéche auſſi, mais au nord, & dans laquelle on ne fait pas de feu : on la laiſſera en cet endroit ſans s'embarraſſer du froid, quel qu'il ſoit, non plus que de quelques jours chauds que nous avons aſſez ſouvent au premier printems.*

Il n'y a guere de maiſon où l'on ne trouve ces ſortes d'emplacemens. Et comme la régle épargnera, à ceux qui voudront la pratiquer, bien des ſoins que je crois plus nuiſibles que profitables ; & que d'un autre côté, il eſt ordinaire de ſe méfier de ce qui, en ce genre, eſt ſimple & ne donne pas quelque ſoin ; pour la confirmer j'ajouterai ici quelque choſe à ce que je viens de dire.

On a vu que le froid à un degré très-fort ne pouvoit pas nuire à la graine ; c'eſt aſſurément déjà un article important : à l'égard du chaud, (qui eſt ſuivi ſans doute de mauvais effets lorſque la graine le ſouffre dans un tems après lequel elle doit encore ſouffrir le froid), il faut remarquer que le degré de chaleur propre à développer le germe, commence au plus au treiziéme degré au-deſſus de la congélation, & qu'à coup ſûr, la couvée de la graine ne commencera pas à un degré inférieur ; or ſi par les tems doux ou chauds qu'il fait quelquefois ſur la fin de l'hiver, on n'ouvre pas la chambre, non plus que l'armoire où eſt la graine, la chaleur de l'air extérieur aura bien de la peine à s'y faire ſentir, en tout cas à y faire monter le thermométre au-delà de onze ou douze degrés. S'il arrivoit qu'il y montât, comme il n'eſt pas à préſumer qu'un autre endroit de la maiſon ſeroit plus froid & en même-tems ſec ; ce ſont de ces événemens qu'il faudroit ſouffrir parce qu'on ne pourroit guere y parer, & parce que, d'ailleurs, à moins que cette chaleur prématurée ne dure long-tems, ſes effets ne ſeront pas de grande conſéquence.

MOYEN

DE PRÉSERVER LES JEUNES VERS A SOIE *du froid des matinées & des nuits du mois de Mai dans les Trois-Évêchés.*

NOs nuits & nos matinées du mois de Mai, tems auquel nous faisons éclorre les Vers à soie, sont communément très-froides, tandis que le milieu du jour est assez chaud. J'ai vu le thermométre de Réaumur, dans la chambre où l'on élevoit les Vers, monter pendant le jour, par la chaleur naturelle de l'air, à *dix-huit & vingt degrés* au-dessus de la congélation ; & descendre le lendemain, à quatre & cinq heures du matin, à *onze* & même à *dix degrés* au-dessus de la même congélation.

Cette température du dixiéme ou onziéme degré, est très-nuisible au Ver nouvellement éclos ; elle peut le faire périr. J'avouerai que je n'ai pas fait toutes les expériences qui pourroient me mettre en état d'assurer ce que je viens de dire, & de fixer précisément le degré de froid capable de causer la mort à ce précieux insecte ; mais ce qui me le fait avancer, c'est qu'en 1758 une gelée qui arriva le 30 Juin, & qui fut suivie de pluies par lesquelles l'air fut fortement refroidi, fit périr une grande quantité de Vers montans aux bruyeres pour filer. Ces Vers, quoique très-sains d'ailleurs, languissoient & se morfondoient à une température qui se soutenoit trop long tems au-dessous du douziéme degré ; ils se ranimoient, & j'entendois ceux enfermés dans leurs coques, reprendre leur ouvrage auſſi-tôt que, par des feux diſtribués dans la chambre, le thermométre montoit au treiziéme ou quatorziéme degré.

Si la température de l'onziéme degré fait languir ou périr le Ver lorſqu'il eſt dans toute ſa force; à bien plus forte raiſon, ce ſemble, produira-t-elle cet effet ſur lui lorſqu'il aura encore toute la délicateſſe du premier âge.

Ce que j'avois remarqué dans les années précédentes, & avant que j'euſſe pris les précautions qui ſont le ſujet de ce Mémoire, eſt bien relatif à cette conſéquence. Lorſqu'on tiroit les Vers, des boëtes où ils avoient été logés au moment de leur naiſſance, on en trouvoit beaucoup de morts dans la litiere. Cela arrivoit principalement dans les années auxquelles quelques-unes des nuits, qui avoient ſuivi leur naiſſance, avoient été froides; ainſi il eſt plus que probable, que cette premiere dépopulation des Vers n'arrive que par le froid de nos nuits dans ce tems-là. Ce froid les engourdit, & leur ôte la force de ſortir de deſſous les lits des anciennes feuilles pour monter aux nouvelles; ils y périſſent, & il n'y a que les plus forts qui s'en tirent.

On penſe communément que le degré de chaleur qu'on doit procurer artificiellement aux Vers lorſque celle de l'air n'eſt pas aſſez forte, eſt entre le ſeiziéme & dix-huitiéme degrés de Réaumur: rien de ſi facile en apparence, moyennant les feux des cheminées ou des fourneaux; mais pour peu qu'on y faſſe attention, on reconnoît que ces moyens ne ſont employés que pendant le jour, qui eſt le tems le plus chaud; pendant la nuit, au point du jour, pendant le tems enfin le plus dangereux pour les Vers, perſonne ne penſe à en faire uſage.

Je ſuppoſe en effet que pendant le jour on entretienne par le feu le thermométre au degré convenable; que même, ſur les dix heures du ſoir, on renouvelle les feux pour prévenir le froid de la nuit; lorſque

lorſque cela eſt fait, on ſait qu'il faut que maîtres & domeſtiques abandonnent la chambre des Vers pour ſe livrer au ſommeil. Cependant le feu renouvellé à dix heures, à moins qu'il ne l'ait été à un degré trop fort & plus nuiſible aux Vers que le froid même, ne ſe fait plus ſentir deux heures après. On ne s'aviſe pas de ſe relever la nuit pour le renouveller, ni de faire veiller pour cela un domeſtique : le ſommeil, dont il pourroit ne pas être maître dans le tems où il faudroit ranimer le feu, rendroit preſque toujours inutile cette précaution qui d'ailleurs, eſt aſſez embarraſſante.

Si l'on charge ce domeſtique de ſe lever de bon matin pour allumer les feux, 1.° il eſt fort à craindre que le ſommeil ne le lui faſſe oublier; 2.° quelque matin qu'il ſe leve, il ne préviendra pas les effets du froid de la nuit.

Pour les prevenir, ces effets, il faut donc employer un moyen qui ſoit indépendant de la diligence ou de la négligence du domeſtique. Celui que j'ai trouvé & dont j'uſe avec ſuccès depuis 1761, eſt de ce genre; il eſt avec cela ſimple, peu diſpendieux, & ſa pratique ne demande ni ſoin ni dépenſe de bois.

J'avois remarqué que la chaleur humaine à un degré médiocre & provenant d'une perſonne ſaine, ne nuiſoit pas aux Vers à ſoie; j'ai mis ceci à profit, auſſi bien que le repos même dont il eſt juſte que le domeſtique, qui a travaillé le jour, jouiſſe pendant la nuit. J'ai fait faire un bois de lit qui forme une eſpéce de caiſſe compoſée de cinq piéces, leſquelles, pour la commodité du tranſport, s'aſſemblent & ſe déſaſſemblent à volonté. Cette caiſſe à la longueur & la largeur des lits ordinaires; ſavoir, ſix pieds ſur quatre, & ſa profondeur eſt d'environ quinze pouces.

A neuf pouces de diſtance du fond de la caiſſe, ſont les liteaux qui ſupportent les planches deſtinées, dans les bois de lits ordinaires, à porter les paillaſſes & matelas ; enſorte qu'entre ces planches & le fond de la caiſſe il ſe trouve, ſur toute la longueur & la largeur du lit, un eſpace vuide de neuf pouces de hauteur. Dans cet eſpace ſont placés quatre tiroirs qui jouent dans leurs couliſſes fixées au fond de la caiſſe. Ces tiroirs ſont de trois pieds neuf pouces de longueur, ſur quinze pouces de largeur hors-d'œuvre, mais ils ſont ſeulement de deux pouces & demi de profondeur.

Les largeurs de ces tiroirs ſont diſtribuées ſur la longueur du lit. Chacun d'eux eſt diviſé en quatre caſes numérotées ; c'eſt pour loger les jeunes Vers, & les ſéparer les uns des autres ſuivant les jours de leur naiſſance.

Ce détail eſt ſans doute ſuffiſant pour me faire entendre, & je ſerai diſpenſé de produire les plans & les profils d'un ouvrage ſi ſimple.

Ce bois de lit étant placé dans la chambre deſtinée aux Vers, j'y fais mettre un bon matelas uniquement, & point de paillaſſe ; celle-ci abſorberoit la chaleur que doit communiquer aux Vers dans les tiroirs, la perſonne qui doit paſſer la nuit ſur ce lit. Ce matelas couvre la caiſſe ; & il eſt aſſez large pour fermer de toutes parts l'entrée, à l'air extérieur, dans l'eſpace vuide dont j'ai parlé. J'y fait coucher un domeſtique pendant les neuf ou dix premiers jours qui ſuivent ceux de la naiſſance des Vers : on conçoit aiſément qu'il entretient, tout en dormant, la chaleur des tiroirs, du moins au même degré que l'on a ſoin de leur donner, en y mettant l'air de la chambre avant que le domeſtique ſe couche. J'ai vu par la comparaiſon d'un thermométre que je mettois dans un tiroir, avec un autre qui reſtoit dans la chambre, que cette chaleur ſe conſervoit & duroit, malgré le refroidiſſement de l'air dans cette même chambre, pendant près de deux heures après le lever du domeſtique (*a*).

(*a*) L'année 1761 eſt celle où je commençai à faire uſage de ce que je nomme *le lit des*

Cela donne communément le tems à l'air extérieur de s'échauffer par l'élévation du ſoleil ſur l'horizon ; en tout cas lorſque l'on voit le thermométre de la chambre ſe maintenir à un degré trop bas, il eſt facile de le faire monter à un point convenable avant de tirer les Vers de leur lit. On a même, pendant qu'ils ſont couverts & enfermés, l'avantage de pouvoir ouvrir les fenêtres, & renouveller l'air de la Chambre, ſans qu'il y ait rien à craindre du froid : la chambre réchauffée enſuite, s'il en eſt beſoin, offrira aux jeunes Vers un air plus ſain.

Peut-être penſera-t-on que celui de cette eſpéce de cachot, dans lequel ils ſont enfermés pendant la nuit, peut leur nuire ; mais tous les matins, lorſqu'on les en tiroit, j'ai remarqué qu'ils ſe portoient très-bien, & qu'ils avoient dévoré les feuilles qu'on leur avoit donné la veille : auſſi, lorſqu'on ôte de ces tiroirs les jeunes Vers pour les placer ſur les tablettes, on n'en trouve plus de morts dans la litiere.

Ai-je beſoin d'obſerver que lorſqu'on prévoit que la nuit & la matinée qui la ſuivra ſeront froides, il ſera aiſé d'augmenter cette chaleur, en faiſant coucher deux domeſtiques aulieu d'un dans ce même lit, & le leur faiſant garder une heure de plus qu'ils ne font ordinairement? Il n'eſt pas à craindre que cette chaleur puiſſe augmenter par-là à un degré nuiſible; parce que la chaleur du lit, celle même de celui où couchent pluſieurs perſonnes, ne va guere qu'à vingt-quatre ou vingt-cinq degrés; or cette chaleur, après avoir traverſé le matelas & l'eſpace vuide entre le matelas & les Vers, ne peut plus ſe faire ſentir qu'à ſept ou huit degrés au-deſſous.

Vers. Le 19 Mai de cette année il y eut une gelée aſſez forte pour la ſaiſon; puiſque le thermométre, à l'air libre & peu avant le lever du ſoleil, étoit à un demi-degré au-deſſous de la congélation : dans la chambre où étoit le lit des Vers il étoit à onze degrés : ce froid eſt pernicieux aux Vers, ainſi que je l'ai dit ; mais dans leur lit, il étoit à trois degrés & demi au-deſſus : & l'on juge bien que cette ſeule différence a ſuffi pour les conſerver.

J'avouerai que préſerver les jeunes Vers du froid des matinées du mois de Mai, ce n'eſt pas tout faire : après qu'ils ſont ſortis des tiroirs, il en arrive d'autres dépopulations ſur leſquelles la ſagacité de ceux qui élévent des Vers à ſoie a encore à s'exercer ; celle-ci cependant n'eſt pas une des moindres. Et quoique je n'aie parlé juſqu'ici que relativement à notre température, je ne penſe pas que ſi j'habitois une de nos Provinces méridionales, & que j'y nourris des Vers à ſoie, je n'aurois pas à faire uſage du lit dont j'ai parlé : notre mois de Mai eſt bien plus froid, à la vérité, que ce même mois dans le Languedoc ; mais les froids de celui d'Avril, tems auquel on fait éclorre la graine dans cette même Province, y approchent ſans doute des notres dans le mois de Mai ; ainſi les jeunes Vers du Languedoc ſont, probablement & à peu de choſes près, expoſés aux mêmes inconvéniens que les nôtres.

J'obſerve, en finiſſant, que j'euſſe tapiſſé, d'une légere étoffe de laine, l'intérieur de la caiſſe & des tiroirs, ſi l'idée m'en fut venue plutôt ; on ſait que cette matiere animale s'échauffe aiſément, & qu'elle conſerve ſa chaleur bien plus long-tems que le bois.

MÉMOIRE SUR LA CONFERVA.

La Conferva *est-elle une matiere soyeuse propre à la Filature, ou à servir, comme la Ouate, dans les matelas, couvertures &c?*

AU mois d'Avril 1741 l'Étang de Peltre (*a*) étant desséché, la terre que l'eau avoit abandonnée s'est trouvée couverte d'une espéce de ouate blanche qui ressembloit beaucoup au coton: les gens de campagne coururent en amasser; & défunt M. Lamy, Commissaire d'Artillerie, en envoya à M. de Valliere, avec une description exacte du local & du phénoméne. M. de Valliere ayant communiqué ceci à l'Académie des Sciences, MM. Bernard de Jussieu & Hellot l'examinerent. L'Historien de l'Académie rapporte, qu'ils reconnurent d'abord que la ouate de l'Étang de Peltre étoit la plante appellée *Conferva*, commune dans les eaux dormantes, dont elle tapisse ordinairement le fond; qu'ils en ont trouvé de la pareille dans les bassins du Jardin des Tuileries; que, comparaison faite avec celle de l'Étang de Peltre, ils l'ont trouvée semblable en tout; que la *Conferva* est composée d'une quantité prodigieuse de filamens noueux & déliés, qui demeurent verds tant qu'ils sont dans l'eau, mais qui blanchissent plus ou moins à l'air & au soleil, dès

(*a*) Village à une lieue de Metz.

qu'ils sont à sec. « Quant aux espérances, continuent-ils, que cette » découverte a fait naître, elles ont paru peu fondées, les filets de » la *Conferva* étant trop fragiles & trop friables pour être employés » avec succès à aucune sorte de Manufacture.

Malgré ce jugement, les chaleurs & la sécheresse du printems de 1762 ayant fait voir une seconde fois la terre de l'Etang couverte de cette matiere cotonneuse en apparence, les gens de campagne y coururent encore; & quelque pressés que fussent alors leurs ouvrages, ils les quitterent pour en amasser; c'étoit à qui en emporteroit les plus gros sacs: rien de mieux, selon eux, pour faire des matelas, des couvertures, & pour garnir des vêtemens; ils ne désespéroient pas même d'en pouvoir faire du fil; & le débit qu'ils en trouvoient à cinq & six sols la livre, n'étoit pas propre à les détromper.

Quelques-uns cependant me consulterent sur son usage: comme je savois que l'examen en avoit été fait, je leur répondis qu'ils ne devoient pas abandonner leur travail pour en recueillir, & qu'il étoit sûr qu'elle ne remplaceroit jamais la laine des brebis que je les exhortois de continuer à nourrir.

Ils ne se rendirent pas à cette réponse; ils convenoient assez que la *Conferva* ne pourroit pas servir à faire un fil d'usage; mais ils avoient peine à se persuader qu'elle ne pût pas être employée comme la ouate dans les matelas & couvertures. Ceci me détermina à examiner de nouveau la matiere, malgré l'exactitude avec laquelle elle l'avoit été par les Académiciens que j'ai nommés; d'autant plus que ces Messieurs, en décidant qu'elle ne peut être employée avec succès dans aucune Manufacture, ne semblent pas décider assez précisément qu'elle n'est d'aucun usage comme ouate; car les matieres employées aux Manufatures sont, communément du moins, converties en fil: c'est de ce second examen que je vais rendre compte.

La *Conferva* eſt du genre des *Algues* (*a*) ; celle dont il s'agit eſt nommée par Tournefort *Alga viridis capillaceo folio, conferva Plinii.* C'eſt un végétal aquatique, dont les racines très-fines tiennent à la ſuperficie de la terre où l'eau eſt dormante : elle s'éleve de ce fond par parties fines & filamenteuſes, qui forment d'abord, dans l'eau claire, une eſpéce de brouillard : la plante prenant de l'accroiſſement gagne dans peu la ſuperficie de l'eau : elle y paroît être une écume verte ; mais au toucher, on la reconnoît pour un amas d'un nombre prodigieux de filamens très-longs, tant qu'ils ſont verds & en végétation. La partie extérieure qui ſurnage, & qui eſt expoſée à l'air, eſt d'un verd beaucoup plus clair que celle de deſſous : celle-ci eſt d'un verd très-foncé. La *Conferva* eſt en cela contraire aux autres végétaux, dont on ſait que les parties les plus vertes ſont celles qui ſont expoſées à l'air ; & réciproquement..... Lorſque l'eau ſe retire, la *Conferva*, ſe deſſéchant & reſtant expoſée au ſoleil, devient blanche, à l'extérieur ſur-tout : c'eſt alors qu'elle paroît une matiere lanugineuſe propre à être employée comme cette derniere.

Quoique la *Conferva* ſoit fort commune, puiſqu'elle ſe trouve dans preſque toutes les eaux dormantes ; cependant, ſoit parce que les endroits où elle eſt ne ſe deſſéchent pas aſſez à fond, ſoit parce qu'ils ne reſtent pas aſſez long-tems à ſec, elle ne blanchit pas communément par tout. Le terrein de l'Etang de Peltre ſemble avoir, plus particuliérement que tout autre, l'avantage de montrer quelquefois beaucoup de cette matiere blanchie. Je dis *quelquefois*, parce qu'il s'en faut bien que ce ſoit tous les ans ; il faut pour cela que la fin de l'hiver ait été pluvieuſe, & que les mois de Mars & d'Avril aient été ſecs & aſſez chauds ; or c'eſt ce qui n'arrive pas ſouvent. Auſſi, je ne

(*a*) Plante qui croît au fond des eaux. Il y en a quelques eſpéces qui ont leurs feuilles auſſi déliées que les cheveux. *Dictionn. de Trevoux ſous le mot* Algue.

ſache pas que dans l'intervalle de 1741 à 1762, il ait été queſtion de la ouate de l'Etang de Peltre.

Au commencement de Mai de cette même année 1762, je viſitai le local; je trouvai la terre, que l'eau avoit abandonnée, toute couverte d'une couche de *Conferva* de cinq, ſix & ſept lignes d'épaiſſeur : elle étoit blanche, à l'extérieur ſur-tout. Quoiqu'on en eut enlevé beaucoup, il ne ſembloit guere que l'on y eut touché. J'en trouvai des lambeaux ſuſpendus aux ſaules nains dont la chauſſée de l'Etang eſt garnie : ceux-ci avoient été frappés de l'air & du ſoleil ſur les deux faces; auſſi l'épaiſſeur de ces lambeaux étoit de moitié moindre que celle de la couche qui recouvroit la terre.

Cette ſeule comparaiſon & cette différence d'épaiſſeur, me firent ſentir la vérité de la déciſion de MM. Bernard de Juſſieu & Hellot; ſavoir, que la *Conferva* étoit une matiere friable; car on ſait que ce qui eſt de cette derniere qualité, eſt un compoſé de parties ſéches & inégalement appliquées les unes aux autres, qui par cette raiſon ſe détachent facilement, n'étant liées entr'elles que très-foiblement; or la ſeule moindre épaiſſeur de ces lambeaux expoſés des deux côtés au contact de l'air, mettoit, ce ſemble, en évidence que le deſſéchement joint au mouvement de l'air, avoit ſuffi pour raccourcir les fils qui étoient fort longs lorſqu'ils étoient verds; qu'il avoit ſuffi pour les rompre, les réduire en pouſſiere, & pour diminuer par-là l'épaiſſeur de la couche.

La friabilité, ou la converſion de cette matiere en pouſſiere, étoit très-ſenſible lorſqu'on frottoit ſes parties les unes contre les autres.

Il pouvoit ſe faire cependant que cette pouſſiere, qui ſortoit de la *Conferva* par le frottement, fut de la vaſe deſſéchée, ou quelques autres corps qui lui fuſſent étrangers; pour lever ce doute, j'examinai les

les filets de *Conferva*, non réduits en pouſſiere, avec une loupe de ſix lignes de foyer. J'examinai enſuite la pouſſiere que le frottement produiſoit, & je reconnus que cette pouſſiere étoit véritablement des filets de *Conferva* même, mais extrêmement courts & compoſés de parties ſemblables à celles qui compoſoient les filets les plus longs. Je remarquai non-ſeulement les filets *noueux & déliés* dont MM. de Juſſieu & Hellot ont parlé ; mais je m'apperçus encore, en expoſant les objets à une lumiere vive ou au ſoleil, que ces filets étoient tranſparens comme le verre le plus blanc, le plus mince & le plus pur. Ces filets tranſparens ſont un aſſemblage, bout-à-bout, de petits corps les uns cylindriques les autres de forme ovale; c'eſt-à-dire, qu'ils forment à-peu-près un chapelet, dont les grains ſeroient foiblement attachés, ou articulés les uns aux autres. C'eſt à ces nœuds, c'eſt à cet articulation que ſe fait la ſéparation de ces petits grains lorſque la matiere eſt ſéche ; & le mouvement de l'air ou le plus foible frottement ſuffit pour la faire.

Ces nœuds, ces articulations ſont donc évidemment les parties les plus foibles des filets de *Conferva*, & c'eſt encore une des ſingularités de cette plante ; car on ſait qu'aux autres végétaux, aux tuyaux de bled, par exemple, les nœuds ſont toujours les parties les plus fortes.

Il reſtoit à ſavoir ſi ces petits grains tranſparens étoient creux: en les examinant au ſoleil, & avec une lentille de deux lignes de foyer, j'ai vu dans l'intérieur de quelques-uns de ces grains, une eſpéce de pouſſiere ou matiere deſſéchée, qui tenoit aux parois des grains; enſorte que je ne doute pas qu'ils ne ſoient creux. Ils m'ont paru être des véſicules extrêmement minces, incapables de réſiſter au moindre effort, ce qui, joint à la foibleſſe de l'articulation dont j'ai parlé, fait ſentir aſſez le peu de valeur de cette matiere pour les uſages auxquels on la croyoit propre.

Je l'ai enſuite comparée au coton, matiere avec laquelle elle a le plus de reſſemblance. Le fil de coton, vu à la loupe de ſix lignes de foyer & au ſoleil, m'a paru tranſparent comme la *Conferva*; mais je n'y ai remarqué aucuns nœuds, aucune articulation d'une partie à l'autre : c'eſt un fil uni & continu, & qui ne m'a ſemblé renfermer aucunes cavités. Peut-être le filet du coton, qui eſt auſſi une matiere végétale, eſt-il une fibre creuſe, un petit tuyau ; mais le vuide, s'il exiſte, n'en peut pas diminuer la force ni l'élaſticité; car le coton n'eſt pas, comme la *Conferva*, compoſé de petits grains creux accolés les uns aux autres : toutes ſes parties ſont liées entr'elles comme la matiere qui compoſe un cheveu.

La *Conferva* deſſéchée & blanchie n'a donc que l'extérieur & les apparences de coton ; elle n'en a rien de réel : &, loin qu'elle puiſſe être matiere de filature, elle ne peut pas même ſervir comme la ouate dans les couvertures & matelas: par les frottemens qu'elle y eſſuyeroit, elle n'y ſeroit bientôt qu'un amas de pouſſiere inutile.

C'eſt principalement de ce dernier uſage de la *Conferva* qu'il étoit bon de déprévenir. Celui qui travaille à multiplier les moyens de nourrir l'homme ou de le vêtir, mérite ſans doute bien des éloges, puiſque c'eſt preſqu'uniquement en ces deux points que conſiſtent tous les beſoins de l'humanité ; mais il ne ſemble pas inutile d'examiner de près les nouvelles découvertes en ce genre, & de les apprécier à leur valeur: cela peut ſervir à empêcher l'homme d'abandonner ſon travail utile pour courir après des apparences, & à mettre le Public en garde contre l'ignorance ou la mauvaiſe foi des ouvriers qui employeroient, dans les ouvrages qu'ils lui débitent, ces matieres ſeules ou mêlées avec d'autres.

FIN.

EXTRAIT DES REGISTRES DE LA SOCIÉTÉ ROYALE DES SCIENCES ET DES ARTS DE METZ.

Du Lundi vingt-deux Juin mil sept cent soixante-sept.

MEssieurs LEBRUN, D. CASEBOIS & DE CHALIGNY, Commissaires nommés pour l'examen d'un Moulin à soie de l'invention de M. LE PAYEN, de son manuscrit qui, précédé d'un Discours sur la matiere, en contient la description, & qui est intitulé *Essai sur les Moulins à soie, & description d'un Moulin propre à servir seul à l'organsinage & à toutes les opérations du tord de la soie*; & de cinq Mémoires du même Auteur relatifs à la Soie ou à sa culture; le premier intitulé *Mémoire sur l'utilité de la greffe du Mûrier, & sur les moyens d'assurer le succès de celle de cet arbre en écusson*; le second ayant pour titre, *Expérience sur le bain de la graine des Vers à soie dans le vin*; le troisiéme contenant une *autre expérience sur la graine de Vers à soie*; le quatriéme sur un *Moyen de préserver les jeunes Vers à soie du froid des nuits & des matinées du mois de Mai dans les Trois-Évêchés*; le cinquiéme enfin *sur la Conferva, & sur la question de savoir si elle est une matiere soyeuse propre à la filature ou à servir, comme la ouate, dans les matelas, couvertures, &c.....* en ayant fait leur rapport.

L'Académie a jugé que ce qui caractérise une machine bonne & utile (la simplicité, la régularité dans les mouvemens, la facilité à lui faire produire & varier ses effets) se rencontre dans celle de M. LE PAYEN; que la description qu'il en a faite, & dont il se propose de faire part au Public par la voye de l'impression, fait sentir combien il en a ſubordonné l'exécution à la théorie la plus exacte; que cette machine paroît, malgré cela, devoir être d'un prix modique; que les détails intéreſſans & nouveaux, qu'on trouvera & dans l'ouvrage principal & dans les cinq Mémoires qui y ſont joints, ſemblent promettre qu'ils ſeront accueillis, de ce même Public, d'une maniere à encourager l'Auteur à continuer ſes recherches utiles, & à augmenter le zele dont il eſt animé, pour, de concert avec d'autres Citoyens bien dignes d'éloges, faire proſpérer dans la Province une culture dont les avantages ſe font déjà remarquer, quoique dans un tems ſi voiſin de ſa naiſſance.

En conſéquence l'Académie a tranſmis & cédé ſon privilège à M. LE PAYEN, lui a permis d'en faire uſage pour l'impreſſion des ouvrages ci-deſſus: tous ces ouvrages étant extraits du dépôt de la même Académie à laquelle, dans différentes de ſes Séances ſoit publiques ſoit particulieres, ils ont été lus par l'Auteur. En foi de quoi j'ai ſigné le préſent certificat muni du Sceau de la Société. A Metz le Lundi vingt-deux Juin mil ſept cent ſoixante-ſept.

DUMONT, *Bibliothécaire,*
faiſant les fonctions de Secrétaire perpétuel.

LOUIS, PAR LA GRACE DE DIEU, ROI DE FRANCE ET DE NAVARRE: A nos amés & féaux Conseillers les Gens tenant notre Cour de Parlement, Maîtres des Requêtes ordinaires de notre Hôtel, Grand-Conseil, Prévôt de Paris, Baillis, Sénéchaux, leurs Lieutenans civils & autres nos Justiciers qu'il appartiendra, SALUT. Notre bien-amée *La Société des Sciences & Arts de notre ville de Metz*, Nous a fait exposer qu'elle auroit besoin de nos Lettres de Privilège pour l'impression de ses ouvrages. A CES CAUSES voulant favorablement traiter ladite Société, Nous lui avons permis & permettons par ces présentes, de faire imprimer, par tel Imprimeur qu'elle voudra choisir, *tous les ouvrages des Sciences & Arts de Metz qu'elle voudra faire imprimer en son nom*, en tels volumes, forme, marge, caractères, conjointement ou séparément, & autant de fois que bon lui semblera, & de les faire vendre & débiter par-tout notre Royaume, *pendant le tems de quinze années consécutives*, à compter du jour de la date des présentes, sans toutefois qu'il puisse être imprimé d'autres ouvrages qui ne soit pas de notredite Société. Faisons défenses à tous Imprimeurs, Libraires & autres personnes de quelque qualité & condition qu'elles soient, d'en introduire d'impression étrangere dans aucun lieu de notre obéissance; comme aussi d'imprimer ou faire imprimer, vendre, faire vendre, débiter ni contrefaire lesdits ouvrages en tout ou en partie, ni d'en faire aucun extrait, sous quelque prétexte que ce puisse être, sans la permission expresse & par écrit de notredite Société, ou de ceux qui auront droit d'elle, à peine de confiscation des Exemplaires contrefaits, de trois mille livres d'amende contre chacun des contrevenans, dont un tiers à Nous, un tiers à l'Hôtel-Dieu de Paris, & l'autre tiers à notredite Société, ou à celui qui aura droit d'elle, & de tous dépens, dommages & intérêts; à la charge que ces présentes seront enrégistrées tout au long sur le Registre de la Communauté des Imprimeurs & Libraires de Paris dans trois mois de la date d'icelles, que l'impression desdits ouvrages sera faite dans notre Royaume & non ailleurs, en bon papier & beaux caractères conformément aux Réglemens de la Librairie, qu'avant de les exposer en vente, les Manuscrits qui auront servis de copie à l'impression desdits ouvrages, seront remis dans le même état où l'Approbation y aura été donnée, ès mains de notre très-cher & féal Chevalier Chancelier de France le Sieur DELAMOIGNON; & qu'il en sera ensuite remis deux Exemplaires de chacun dans notre Bibliothéque publique, un dans celle de notre

Château du Louvre, & un dans celle de notredit très-cher & féal Chevalier Chancelier de France, le Sieur DELAMOIGNON, le tout à peine de nullité des présentes; du contenu desquelles vous mandons & enjoignons de faire jouir notredite Société & ses ayant cause, pleinement & paisiblement, sans souffrir qu'il leur soit fait aucun trouble ou empêchement. Voulons que la copie des présentes, qui sera imprimée tout au long au commencement ou à la fin desdits ouvrages, soit tenue pour duement signifiée, & qu'aux copies collationnées par l'un de nos amés & féaux Conseillers-Secrétaires, foi soit ajoutée comme à l'original. Commandons au premier notre Huissier ou Sergent sur ce requis, de faire, pour l'exécution d'icelles, tous Actes requis & nécessaires, sans demander autre permission, & nonobstant clameur de Haro, Chartre Normande & Lettres à ce contraires: CAR tel est notre plaisir. DONNÉ à Marly le douziéme jour du mois de Juin l'an de grace mil sept cent soixante-un, & de notre Régne le quarante-sixiéme. Par le Roi en son Conseil. *Signé*, LE BEGUE, avec grille & paraphe.

Registré sur le Registre XV de la Chambre Royale & Syndicale des Libraires & Imprimeurs de Paris, N.° 407, fol. 199, *conformément au Réglement de 1763. A Paris ce 24 Juillet 1761.* Signé, *SAILLANT & BAUCHE, Adjoints.*

www.ingramcontent.com/pod-product-compliance
Ingram Content Group UK Ltd.
Pitfield, Milton Keynes, MK11 3LW, UK
UKHW021136260726
13994UKWH00001B/166